逆風之島
歷史台灣浮世繪

林文義

目錄

作者序

浮世繪

　　何以長年棄筆不再作畫？識與不識的朋友讀者偶爾問起，這是我難以答覆的不安與矛盾的突兀心情，時而因此頓感不知所措。

　　自我的文學書寫幾乎每年一冊的發表、合集出版循序進行，很久以前的繪事早已遙遠；卻忍不住在近年書封內頁裡印上一行——

　　少時追隨小說、漫畫名家李費蒙（牛哥）先生習繪，早年曾出版漫畫六冊，後專注於書寫……。

　　每每看見這段文字，事實上是很心虛的；我疏離繪事的確很久了，一個文學作者放棄年輕時代所深愛，沉迷的漫畫創作，對於彼時以莫大熱情接納而有幸成為費蒙老師最後一個學生之我，是不能原諒的辜負。文學書封內頁意外地增添這麼一段和文學無關的文字，說來是向已逝多年的老師致敬，亦是懺悔的表白。

　　青春年代的漫畫就停頓在三十六歲之前，往後直到十七年後再應允小說家老友東年之邀，在他主舵的《歷史月刊》以台灣史借題，以一年十二期的時間（二〇〇四～二〇〇五年）逐月發表漫畫連作，落筆當下一種凜列地心虛更深沉了。與十七年遠離的漫畫昔往彷彿似曾相識，卻更覺不安，還能回返繪事的專注與沉穩嗎？那是一個無比寒冷的冬夜，面對空白的 A4 稿紙，心想退避又怕違逆了東年兄的殷切付託。

三十六歲以前那麼狂熱於借題中國古典小說，從《西遊記》、《三國演義》、《封神傳》、《七俠五義》到以台灣歷史的漫畫連作乃至於政治評論的單幅漫畫……告別繪事十七年後重拾畫筆，水準是超越或後退呢？或許是由於二〇〇三年初在印刻出版社印行了第二部長篇小說：《藍眼睛》，秀異的小說家東年從書中讀出我依然對台灣歷史的追索念念不忘，卻要我以久疏的畫筆再次深化島國三百年的浮世繪。

　　我祈願此一連作是「浮世繪」而不只是尋常的「漫畫」。猶若近年的散文形態，將昔時的文字更深化為純粹一種美學。一九九〇年前後曾以莫大熱情以台灣歷史作題，分別用漫畫、散文的方式出版了：《唐山渡海》、《關於一座島嶼》（台原版），起心動念在於期望下一代的讀者能初步認識從前的台灣，用心摯切。

　　相對以嚴謹史料為訴求的《歷史月刊》，風格想是不能過於輕慢、鬆懈的取材，縱然容許我以久疏的漫畫筆觸可以幽默呈示，我還是兢兢戰戰地決定以「浮世繪」方式的圖案出發。

　　浮世繪，源起日本。歌麿及北齋是浮世繪代表名匠，無論人物風土或山海四季皆是絕美亦是我向來傾慕的典範；我不揣淺薄地在二〇〇五年前後，彷彿懷抱著向大師致敬的心情，在彼時文學書寫的餘暇，回復到繪事重拾的專注。

　　三百年前的浪潮湧漫台灣島嶼的四方，海盜、荷蘭人、鄭成功、先民渡海、清法海戰、日本據台、壓制和反抗……。再次為我們生死以之的台灣島鄉以「浮世繪」畫幅留下歷史和記憶。這才驚覺此次，也許就是最後一次，自我竟然是以評論的觀點在質疑歷史，而不像十七年前依循著史明先生《台灣人四百年史》、王育德先生《苦悶的台灣》所訂下的史觀全盤接納。不論正確或偏頗，都是個人主觀看法。

其實毋寧說，浮世繪採漫畫呈現的形式依然是文學的。我以圖繪替代文字，試著為台灣再次深化顯影島鄉的從前，先民的艱辛與悲苦；繪事反而沉定而嚴肅，當然不忘漫畫本質所蘊涵的幽默與逸趣。

如同一幅幅木刻版畫的展演、虔誠之心猶若中國三〇年代，豐子愷先生為魯迅的《阿Ｑ正傳》插畫，淨身純粹地以佛經為題的《護生畫集》……。

文學書寫之餘意外的美麗。二〇〇五年前後一方面進行短篇小說，一方面展演歷史漫畫亦試著開始習詩；無一不是文字與圖案相與並行的「浮世繪」形式，如今在天之靈的費蒙老師想必會欣慰地說——終究文學之你還是不忘繪事，這樣，很好。

1

海盜的後裔

1 海盜的後裔

朋友們對這旗幟不陌生：「海盜」。

不揣淺薄。同樣是小說家的作者也書寫過三百年前西班牙海盜的故事…

INK
BLUE
EYES

3　小説是 —————— 虛構的文學。西班牙人奪船叛逃到東方，最後抵達了FORMOSA北島的淡水；成了流亡之徒。

ST.
MARTIN

中國元朝年代,日本海盜就時而侵略沿海城鎮……。

說來,日本早有侵略中國的野心,對「海盜」放縱,有刺探的用心……

甚至由官方出動船隊,堂而皇之渡海征戰。

元帝國蒙古人善於陸戰,不諳海事……慌了。

豈料,日本渡海征中國及朝鮮之航程中,兩次被颱風吹的人溺船毀……。

到了明代,日本海盜變本加厲……

明朝皇帝令戚繼光將軍率水師予以防禦。

支那人來了。

新來的中國海盜，不好惹喲…。

沒想到…顏思齊得了重病，交待鄭芝龍。一命嗚呼…。

遺言

20

福建南安人鄭芝龍接了海盜首領，企圖心很大，他要海峽的制海權。

21

以日本妻子家族顯赫之便，與日本進行貿易。海盜霸業縱橫東南海域　成為海上之王。

22

和在台荷蘭人訂通商協定……。

約

23

接受明朝招撫，入朝為官。

聖旨

台灣縣誌（1721年初撰）：中土之人入台灣自思齊始……

FOR MOSA

11

年方二十一的鄭芝龍是福建海澄人顏思齊之 **結拜兄弟**。

13

年少的顏思齊一身好武**功**，誤殺權貴之僕，畏罪逃到日本平戶。

14

1624（明·天啟四年）年。顏36歲在平戶與楊天生、顏依泉、陳德等二十八人推為首領，開始「海盜」生涯。

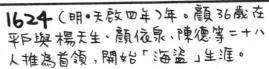

芝龍老弟，日本人常劫掠中國沿海，我們搶日本人 公平吧？

公平。雖然我娶了日本妻子田川氏，生下兒子，他叫「福松」……

日本非久留之地，咱到FORMOSA去。

我們有13艘船，不怕島上的荷蘭人�'矮寇了。

18

此後，鄭芝龍之子，日本名：「福松」的鄭成功亦在金門、廈門海域以徵收「通航稅」行海盜之實。

25

漁民不打魚，又徵重稅⋯⋯吃啥？

26

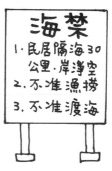

海禁

1. 民居隔海30公里，岸淨空
2. 不准漁撈
3. 不准渡海

官逼民反。老子就做海盜去。

28

福建閩東列島，黃魚洄洄之豐美漁場竟無漁船⋯⋯

29

替代的卻是沙魚般殘暴的海盜⋯⋯。

30

1804—5年（嘉慶）以東湧（今之東引）為巢的海盜蔡牽，兩度侵犯台灣⋯⋯

31

南台灣的「打狗」……

BONN〜

32

這今稱「高雄」的深水港，在某個天亮時刻，忽遭砲擊。

地震？

天啊，海上盡是船隊，哪個敵國犯境？

觀測兵回報，閩東海盜蔡牽。

海盜？

35

蔡牽率部直接與「打狗」清軍正面交戰，氣勢昂揚。

36

燒殺擄掠，絕不遲疑！

37

海盜成了清朝的最大隱痛……。

蔡牽自行打造兵器……

亦傳說他將掠奪的財寶埋藏於東湧島岩穴之中……

40

1809年，水軍提督王得祿消滅海盜蔡牽。

41

其實更早之前……

海盜林道乾。

42

中國沿岸我瞭若指掌，等日本海盜一起搶吧。

勾結倭寇掠奪良民？我俞大猷怎可放過？

1566年潮州海盜林道乾亡命海外，杳然無蹤……。

45

俞大猷了不但驅走林道乾，對林鳳亦不放過……

林鳳正是「本土」的台灣海盜，橫行於閩、浙、粵海域……

47

從大島到小島，說來「海盜」猶如漂鳥，卻也顯示：先民生活之困頓，求生並且茫然。

48

海洋，如此深沈……
海洋，如此詭譎……

49

走頭無路了……孤注一擲，全力掠奪西班牙人的菲律賓了。

陌生的異國，流亡的台灣海盜林鳳終究大敗逃回魍港（今之布袋）……

51

2

東印度公司

2 東印度公司

異鄉島嶼的夜晚，虔誠的禱告……

信，如此傷神……
卻由於一封未竟之

本長崎、不該來到……
也許，應該仍留在日

草莽初啟，遍地野鹿的陌生之島，美麗荒蕪。

1545年，壯潤、直上雲端的東海岸峭壁、高山，望之如神之殿堂……。

Ilha Formosa!

有人說，是葡萄牙船東行時，發現此地的存在。

少數的移民，來自對岸的漢人，原住民族冷眼以待。

日本人覬覦，遠征軍被原住民打敗。

海盜將這島當做休憩、分贓之地。

1622年，我們六艘荷蘭軍艦遠從南方的巴達維亞北上……

攻佔了明帝國統治下的澎湖。

紅毛鬼

明帝國從大陸派軍隊來奪回澎湖，對抗了八個月，終於談和……。明軍動員一萬人，荷蘭只有八百。

只要你們退出澎湖，Formosa那無主之島就任你們去吧。

明

報告長官，他頭殼壞掉，那Formosa比澎湖大100倍。

14

15

航向Formosa！

16

好不容易從澎湖逃荷蘭人到此地，怎麼這些紅毛鬼也來了……？

漢人移民對登陸
之荷蘭疑慮……

是有理由的。1622年的澎湖浩劫是14
500名男子被奴役構築要塞；完工前有
近四分之三病死或餓死。

19

存活的兩百多個漢人
送到巴達維亞……。

不要！不要！　媽祖婆，
　　　　　　　救命呀！

20

陰影久久不去。

21

我們東印度公司
要表達善意。

22

海岸的西拉雅族人，熱心的協助荷蘭人構築城堡。
在當時「台江內海」兩岸。

23

台江內海
zeelandia（熱蘭遮城）
大員（漢人）
Providentia（赤崁城）

神愛世人，我的兄弟，歸向救主耶穌吧。

不要？你就是罪人，還不要？

這就是不服從荷蘭人信仰的後果。

連我們日本人與你們漢人交易也要稅？

獵鹿也要稅？

稅

我們的東印度公司終於遇到了原住民及漢人的反抗……

不好了！漢人叛亂啦⋯⋯。

29

1652年，郭懷一佔領赤崁城⋯⋯。

荷蘭人在措手不及之際，被殺死了一千多人。

30

31

郭懷一不是殘暴之人，但實在無法忍受荷蘭的苛政。

32

原訂中秋起事。

郭的弟弟竟向荷人告密，卻不蒙相信⋯⋯

34

自己的骨肉弟弟是出賣者⋯⋯這還需要敵人嗎⋯⋯？

讓我們原住民來解決 漢人吧。

35

荷蘭人准我們獵人頭。

又給我們部落現代化火槍，殺個漢人移民寸草不留。

37

平時怎麼欺負我們？漢人，納命來！

2000個原住民120個荷蘭兵大敗郭的移民部家⋯⋯郭懷一戰死⋯⋯。

39

副將被火刑。

40

隊長被馬分屍。

41

郭懷一拓墾之二屠行漢，移民在漚汪奮戰七天七夜，全數被殲滅⋯⋯漢人男子4000婦孺5000⋯⋯。

東印度公司將印度牛引進
島嶼，時為1644－1651年。

44

漢人移民以牛耕植，
多少是感謝荷蘭人的……

牧師的角色？
教化或攏絡
……？

原住民部落比
漢人容易說服
……。

47

漢人信仰的是
媽祖林默娘
……。

48

荷蘭統治島嶼之南38
年，以為還會持續下去
……

49

1661年4月某個早晨，改變
島嶼命運的轉折到臨了……

那是什麼？

50

3

明朝最後將軍

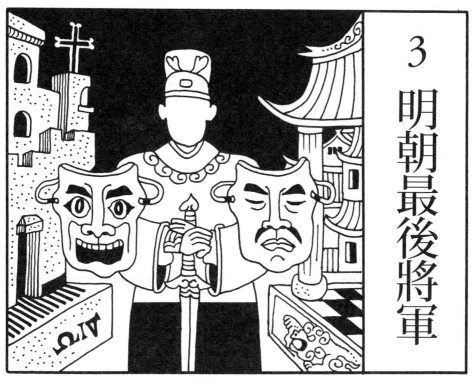

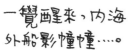

莫非是剛滅掉明帝國 的……韃靼人？

6

來自北方長白山脈的女真民族。

7

父親，您身為明臣卻降了女真民族……情何以堪呢？父親。

明朝亡了……識時務為俊傑。

年少稱雄大海的鄭芝龍，如今呢？

10

你，質疑父親？
……

別忘了……我娘是怎麼死的？

12

被韃靼人凌辱，母親投水自盡……

13

請問父親…何不甘心的重返海上？
以武力一報家仇國恨呢？

14

我老了…沒有力氣了。

是的，父親老了…
明朝亡了，我呢？

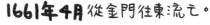

閩、浙沿海與
韃靼人交戰，
兵敗如山……。

17

1661年4月從金門往東流亡。

抗了，投降吧！
鄭芝龍之子，別再頑

18

鄭成功親率百餘艘船艦，兩萬
五千名兵員，航向征台之旅。

20

逆風之島————32

海域洶湧，潮色如墨……。

過著黑水，荷蘭人的大員近了。

永華先生，看來我們是過河卒子，回不去了……唉。

中國海盜船入內海了！

漲潮之夜，尾長驅直入 從北線……。

交出城池來。

BON～

他們怎麼進內海的……？

弟兄們！驅逐紅毛人，勇奪熱蘭遮城啊～。

上帝呀！中國人竟用無數小舢舨包抄我們？

海克特號軍艦竟被擊沈了……天呀！

趕快向巴達維亞求援吧？

那些中國人到底要什麼？……

報告克埃都長官，內海裏我們的船：葛瑞威南號軍艦、文克號、瑪利亞號都逃到……外海去了。

就算立刻從巴達維亞援軍起航，到此也要三個月……中國軍隊25000名，我們1200人 唉…。

漢人聚落
的大員…。

給紅毛人
顏色看！

國姓爺登陸鹿耳門，
我還去協助呢…。

35

開炮
！

36

BONN~

中國海盜人海戰術嗎？

37

紅毛人的砲火
猛烈，不易攻入。

38

我……已無退路
了！拚一次！

咱們登陸戰，
死了兩千人啦。

40

難道……這荒蕪之島是我的終程？

41

長官，我們真的要葬身在這離鄉萬里的FORMOSA？

42

也許……再也回不去阿姆斯特丹了。我只是個醫生，怕連自己都救不了……。

荷蘭人説：鄭成功進佔台員地方。

井……B+A=？

FORMOSA

44

女真族剛入中土，台員乃化外之地，無暇干預……04紅毛人自個兒想法子解決唄～～

45

唄？唄啥？我才吃癟咧！！！

遠在巴達維亞東印度公司，則漠然以待……。

47

戰事膠著。幾月下來，糧食缺乏成為兩方最大的問題……。

中國海盜竟集體就地種植起來了……？

49

永華先生說不屯田，就沒飯吃了。

50

鄭成功寫信給咱們長官，要我們投降。大家可平安離去……

51

真的可以回家了……？

投降！

53

1662年2月在FORMOSA長達三十八年的荷蘭人結束商務控制，放棄此地。

降書

54

4

逆風之島

4 逆風之島

感謝上帝，平安告別FORMOSA，恍如隔世的蒼茫……

回到荷蘭故鄉，從此不再航海。

鄭成功允許我們攜帶私人財物、奏樂、列隊、搭船離開……。

3

中國人進入熱蘭遮城之後的暴行，卻成了久久不去的惡夢……！

4

荷蘭文書記載：降後，
砍頭未象……
民和漢人
之感
情。

鄭成功下令
罪名是挑

把傳教士
撥原住

荷蘭婦人則賞賜部將……
俠匹配或洩慾。

OH~
NO~

5

國姓爺，這些
傳教士的女兒
送入後宮吧？

6

鄭氏王朝治台，以「東寧國
」自喻，開始向原住民恩
威並濟……。

歸順？
滅亡？

東寧

7

以赤崁之地為「承天府」
北設天興縣，南置萬年縣
……。

8

鄭成功終究是
個不快樂的人
……。

CHINA

幸好，有個好的
助手陳永華。襄
贊政，經
事務。

10

咱們大明軍人竟成了獵人、農夫啦……?

中國來的漢人統治者和荷蘭人一樣壞!

12

永華兄,島的北方遠達三百里路,去或不去?

13

據報:那裏是西班牙之地……

先偏安南島,再謀北征之計……。

15

但……鄭成功卻一心想反攻大陸,無意久居此島。

咕……

有時,船出台江內海,巡航海山夾,南起金門,北到東澰山,盡是故國失土之鄉愁……。

明

17

煩心的，除了明代最後的皇太子及五個王妃……

18

可別讓你爹看見了……。

19

鄭經！你不是我兒子！竟然……和你的乳母私通？

家門不幸，故國難回……永華啊，咱們來這荒島幹啥呀……？

21

我一定要反攻回去！立刻出兵……。

22

王爺，稍安勿躁啊，好不容易休養生息。再等待好嗎……？

23

內地來報，王爺父尊被革達華人處死了。

天呀！你要毀滅我鄭成功……。

25

來到島上與不及一年的鄭成功，悄死時年三十九歲……。

CHINA

FOR MOSA

岳父劉國軒試圖控制鄭經……。

27

陳永華明白在心，全力在政務上協助鄭經。

28

終日爭寵鬥豔。

29

明皇太子恍如傀儡……

終日猜疑閒言。

31

鄭氏王朝對是維繫政交的

外的海上貿易府財政及外重大行事……

JAPAN

OKINAWA

FORMOSA

32

逆風之島───44

日本怎可以和鄭逆集團貿易……？

荷蘭不是失去了FORMOSA嗎？

劉國軒仗著是鄭經的岳父貪污……。

施琅

永華先生，這樣王朝還能持續嗎？

大事不妙！施琅將軍不告而別了……。

施琅叛逃？要走就走。喝酒吧！

陳永華憂心忡忡。

還是努力勃辛教育、開塩埕，農
漁、牧經營不懈⋯。

41

我要返回厦門，和韃靼人
作戰，在這島嶼
太無趣了！

42

怎料到被清、荷
水軍大敗⋯。

43

鄭經戰敗又逃回來，
不久死去，荒淫過度也
⋯⋯。

44

苛人民重稅，民怨四起。

韃靼人建立大清政府，實
行「海禁」，不准人民
渡海到台灣
⋯⋯。

禁
不准渡台

46

宮廷內鬥不歇…。

剝削原住民，引起
各族強烈反抗‼

那是什麼
？天呀！

22年前的舊景重現…這次是
清朝水師一舉要殲滅眼
中之刺的「鄭氏王朝」…。

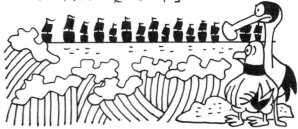

更諷刺的，征台
大軍主帥竟
是多年前
叛逃的
施琅。

施琅

媽祖娘娘座前。
祈佑征台功成…。

1683年秋，施琅率二百多
艘船艦登陸台灣，
明鄭時代終。

鄭

5

渡海悲歌

5 渡海悲歌

畫著……畫著……

作者其實不該
跳出……來。

忍不住的，必須面
對移民史的哀傷。
SORRY——

渡台悲歌

3

那說起唐山過台灣
……阮心肝就結一
丸……。

陳達

多作畫，少說話。
稿子還不交來？

總編

5

中國東南沿海人民奉媽
祖為「海神」。俗名為：林
默娘，孝行感天，成道後
為民除害，主祀於湄洲。

PS. **偷渡船** 説明圖

A 大帆船：乘員25～26人

B 小帆船：乘員17～18人

C 男人扮船夫，婦孺藏於
　船底暗艙，不敢登甲板

各位客倌！
台灣到了！
準備下船！

21

一更上船，怎麼
四更未到就到
台灣了？

22

半夜哪，船老
大，好暗……

笨蛋！偷……
渡就是要暗。

看呵！夢寐以求的
～**台灣**～

24

願望達成了！

天亮後，竟是方圓
不到三里的無人
荒島……。

我們的
孩子怎
麼辦？

25

大海茫茫，不知何似。
只有前行，退無死所。

26

勸力君切莫過台灣，
辭鄉生死兩茫茫……。

27

夏天渡海，波浪平順。

方壺（澎湖）深海，水色如
墨，渦流險阨，多少渡者葬
身魚腹，古稱：**黑…水溝**

30

秋冬，兩暴風狂。

29

偷渡者被逮捕，遣送回原地，
並予重罰……。

31

台灣究竟是上天祝
福之地？天譴之島？

34

35

37

38

HA‧HA……

台諺曰：龜笑鱉
沒尾巴。即：五十
步笑百步之意。

41

移民史，正是漢人
壓迫原住民的罪行。

大清消極治理下的台灣，漢人移民辛勤的工作，蓽路
藍縷建家園。原住民則漸遷往山地，平地為漢人所據。

43

想家……

ㄠ

44

想家……更想多
攢些銀兩。

$

親愛的西拉雅小姐，
可以嫁我嗎？

報告總編輯，可見我們
都有漢人與原住民血統。

ME TOO

混
血

47

逆風之島———— 56

施琅 要負很大責任
族群、 鬥爭中

治台初期，分化閩、客
求得利於監控。

海、陸計一萬官兵
嚴控台灣漢人
移民二十五萬人。

1874年（清·同治十三年）日本
西鄉從道征台，引起大清正
式重視台灣的戰略要點……。

征戰

50

台灣輿圖

化外之地（東部）

台南

台北 鹿港

所謂：一府（台南）
二鹿（鹿港）三
艋舺（台北）……
成為往後清政府
治台達一百九十年
的台灣形態。

台灣。希望之旅嗎？先民依
然如遷徙的魚群
前來……。

52

有壓制就有
反抗！
………

53

6

雲豹鬥猛虎

6
雲豹鬥猛虎

渡海來台的移民愈來愈多，問題來了⋯⋯

十八羅漢

與老衲的「腳」沒有關係。

羅漢腳

台諺「羅漢腳」形容單身者。三百年前移民者窮困不堪，無厝無田，閒蕩鬧事，問題滋生。

漢人與原住民成婚，成為那時的尋常……。

這就是俗稱：「有唐山公無唐山媽」的由來。

嚴治台灣的清朝官員，大多只想著來此發財。

視渡海移民為不馴之人……

1732（雍正十年）吳福生在鳳山聚眾反抗清朝官府。

逆賊吳某攻擊哨所，放言要打府城官衙門。

怎不見逆賊跟影？

赤崁

佯裝進攻府城，卻佔領岡山。
向下淡水溪前進，攻
打阿猴之萬丹……。

嚴謹論之：這口號不符
實際，消失的明朝很虛幻。

反清復明

？

12

正規單一下子就將吳福
生之烏合之眾一舉成擒。

伐

13

什麼？逆賊才三十
餘人？殺雞用牛刀。

14

逆斬

三十個「逆賊」押回
福州　　　問斬……

16

說來這些人不過是
貪阮、孤寂、
鄉愁吧？

17

有壓迫就有**反抗**
更大的動亂接續而來。

鴨子和台灣史何干？

《メY

鴨母王

請息怒。
聽我細
說吧⋯⋯

總編輯

20

鄭

原是鄭成功部
將的朱一貴，明
朝滅亡後，留
在台灣⋯⋯

21

竟淪為養鴨人。在府城
東南荒僻的鄉野：
「羅漢門」。

22

太好了！可以兩邊拿薪水。
果真　台灣錢淹
　　　腳目哦。

鳳山縣

知事從缺

代理

正職

台灣府

耽於逸樂，苛歛誅求。
這官員叫：王珍。

24

我王珍乃台灣知府，
大權在握，誰敢說我？

25

63———逆風之島

明朝遺臣朱一貴當然不可能趕著鴨群去革命⋯⋯。

反清復明

以「國將爲號」有其影響力。

「姓爺」鄭成功部召,登高一呼畢竟

抗暴!!

老天!暴民上萬?這養鴨的玩真格的呢⋯⋯。

反清復明

向朝廷討救兵了。

S.O.S

SOS

朱一貴部隊勢如破竹,不到七日,全島響應⋯⋯。

臣

朱一貴被奉為「義王」
建年號 為「永和」
……。

「永和」自然是祈求:永久和平。
亦可見移民們要的是:正義、法
治、和平。

33

清朝絡靖部隊渡海而來。強勢武力殲
滅了朱一貴短命的王朝,如獵人射鴨……。

34

永遠記得:台灣
雲豹 是對抗
不了……

35

長白山的 **老虎!!**

聽說,「鴨母王」
死了,鴨子怎麼辦?

被抓去做「北京
烤鴨」吃掉了吧?

還有我。

37

此後六十五年，大清依然嚴控台灣…。

38

天地會

直到台中「天地會」盟主林爽文被官迫起事。

40

「天地會」起於1718年福建九連山少林寺僧在大清征西藏立下大功……

41

這些和尚武功高強，怕成後患……。

就組秘密組織，以求自保；名稱取其敬天敬地之意。

少林

天地會

43

林爽文反抗軍如野火燎原，震動了大清朝廷。

衙門

44

中國北京大清紫禁城。
45

朕派大軍渡海平亂。逆
賊林爽文生擒送北京！

正大光明
46

征西藏的精鋭「湘軍」抵 台，反抗 軍被大屠殺。

殺我林爽文
吧，立刻!!

HA・HA・HA
48

49

押到北京，斬首以警台灣移民；
卻在未來的歷史，留名：林爽文。

清代百年間，移民逐漸以台灣爲鄉；壓制與對抗時起
時落，所謂：**3年一小反·5年一大亂**。
詩人讚曰：台灣古來好所在。
祖先的史事如何持續……？

50

7

人間的條件

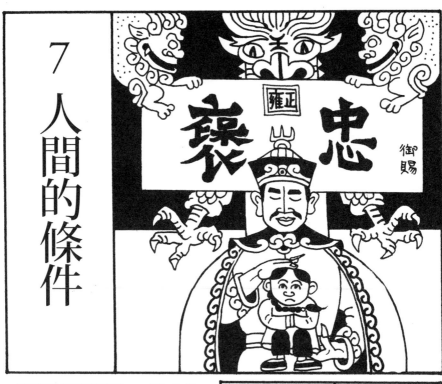

7 人間的條件

秧苗長得好，盼能早收成。

防晒用竹編物
↓

老公～～圳溝水被人擋住了，流不入田裏！

別動氣，別惹事。

何人阻斷我田水路？

欸，平平是閩南鄉親，先用下田水，有什麼關係……？

台灣人，放尿攪砂都會作堆？

移民爭奪土地，
閩客械鬥、
漳、泉鬥……？

誰是台
灣主人？

13

客家人形容不貞的
女子為：「福佬婦」
……

14

孩子，千萬不
可說髒話。

閩南人則稱不貞
女子是：「討客兄」
……

16

這就是清代，台灣移民先
人「閩客械鬥」的遺毒。

17

閩、客有沒有「和解」、「合
作」？有。那就是……

18

搶奪原住民的土地。
將他們逼向高山、森
林、丘陵，平原盡入漢
人移民之手。

1796年（嘉慶元年）吳沙率領流民：漳州人千餘、泉州人兩百多、客家人數十個到噶瑪蘭（宜蘭）開拓。

吳沙

20

老闆，您看……

牛僵何以驚叫？

21

看啊！大海有隻大龜～

妖怪……史前巨獸。

媽祖、玄天上帝、開漳聖王，保庇……

23

吳沙凝視久久。

24

加油！前進噶瑪蘭！！

弟兄們，不要怕！那是一座庇佑我們的島山嶼，如神龜般靈性，要我們做開蘭第一人！

移石、挖圳、翻硬土。

荒地在汗水中成良田……。

27

噶瑪蘭人與漢人移民自是關係十分緊張了。

28

墾拓好辛苦，還要「走番仔反」？

為何要搶我們的土地……？

水火不容之時，噶瑪蘭族有次傳染熱病，吳沙送藥，適時表達善意……

30

尊敬的頭目大人，我們可以通婚、共同墾拓農地……。

31

篳路襤褸建家園，開拓宜蘭真辛苦。

「義民」在台灣史上，多少有所爭論……。

移民過程，同鄉為
護衛所居聚落，組
自衛團隊，以防不同
族群侵犯，成為後來
「宋江陣」之起源。

也不乏盜賊之人參予了
「義民」行列。

小偷

40

有人挾私
怨報復。

他姓**林**，一定
和**林**爽文同黨
，抓起來！

作者

?

41

以「義民」之名，行燒殺擄
掠之實，大有人在，大清當局
看得非常清楚……。

43

渡海之人，皆是不馴之民，
就是要——**以台制台！**

FOR

MOSA

44

8

虛幻法蘭西

8 虛幻法蘭西

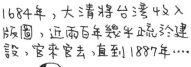

1684年，大清將台灣收入版圖，近兩百年幾半疏於建設，官來官去，直到1887年……

靜肅　迴避

$

台灣島豐美之新土。卻仍草莽一片，執掌斯地不免惘然呢。

2

朝廷委以重任，我劉銘傳責任不輕。

……辛苦。

3

洋務專家劉銘傳被派到台灣,任首任撫巡,在於台灣由福建省下轄的府升格為獨立的「省」。

日本在學洋鬼子嘛。

咱大清必須迎頭趕上,日本正維新習歐迫美呢。

4

他有如此壯志,就派去台灣吧。

5

巡撫大人厚愛,職當全力以赴。

沈葆楨將軍,海防就託您了。

6

沒想到北台灣煤礦如此豐富。

這是金子呢……?

7

台灣的開發,自然引起外國的覬覦……。

I ♥ TAIWAN

USA

ㄎㄨ.

騰雲

10

什麼碗糕?

?

11

劉銘傳用心經略台灣，記憶卻回到三年前……

12

1884年，法國艦隊侵略安南。

13

洋奴敢侵我屬國？孰可忍？孰不可忍？

今名為：越南。安南乃大清附庸國。

劉銘傳奉旨征討法軍，擔負台灣防務。

聖旨

15

我是法軍統帥孤拔。

16

17

封鎖台灣海峽～。

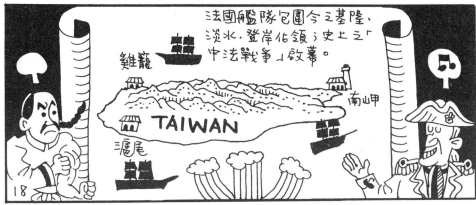

法國艦隊包圍今之基隆、淡水，登岸佔領；史上「中法戰爭」啟幕。

雞籠

TAIWAN

滬尾

南岬

18

BON~

東
東東

勇

清

題外附語：畫到此頁，作者都彷彿置身戰事，不慄而寒？

法軍佔領雞籠（基隆）。

……佔領滬尾（淡水）。

中方：提督孫開華

你的狗屁！

法方：李士卑斯

中國人，投降吧！

勸降不成，孫開華反擊，李士卑斯部隊大敗清軍乘勝追打。

果然打過來了！

報告孤拔長官，中國軍隊反攻了，氣勢如虹。

甚至將登陸、泊岸的法國艦隊驅出港外……。

主因在於，法軍水土不服，染上了瘧疾。

冷？忽熱？忽

HOT　COOL

「瘟疫」肆行，上帝垂憐……。

34

這是天助我也！
趁勢追擊吧。

35

BON

36

37

曾到苦果了……。
終於讓孤拔遠征軍
法國人眼中的「睡獅」

怎麼中國軍隊
如此神勇了？

39

安南又傳：黑旗軍 劉永福部隊
大敗法國佔領軍消息，一時征台
法軍人心惶惶，軍心渙散……。

40

上帝啊，我孤拔錯了嗎？……

41

李士卑斯，趁著拂曉，我們攻打滬尾，入台北。

42

沒想到清軍已好整以暇……

劉銘傳早下令，以百艘廢船，炸沈於滬尾角干豆門之間的淡水河口，法艦不知。

44

上當了！水線下都是陷阱……我們船底都被刺破了！天呀……

45

河口清軍陸炮猛炸，法軍幾乎全滅。

BON!

46

孤拔艦隊殘部逃出台灣。

47

逆風之島———86

孤拔決定佔領澎湖,在馬公登陸。
清軍防務薄弱,並無太多抵抗。

48

我們可以在澎湖休養生息,擇期再戰。

49

剛接獲總部信息:我們已在安南和談了⋯⋯。

50

⋯更糟的事又發生了。

51

幾乎所有的將士,都傳染到⋯⋯

瘧疾!

HOT⋯⋯
COOL⋯⋯

Me too

52

孤拔將軍悲憤,死在澎湖。時為1885年⋯⋯

53

1887年中法戰爭勝利後的首任台灣巡撫。
劉銘傳是最傑出的政治家。
只是沒想到幾年後,台灣
會發生了大事⋯⋯。

54

台灣經略

9

獨立國一夢

9 獨立國一夢

好大的浪?

巨大的遠洋艦隊，由北而南航行，時為：**1895**年

明治維新後的日本，在中國北方旅順大敗俄國後，在「擴張國土」的口號中，一舉殲滅大清海軍。

東北土地是大清祖地不能給。

中 李鴻章
4

春帆楼

日本·下関

戰敗國有什麼好討價還價？

日 伊藤博文
6

吐痰以示抗議

台灣

東北

咱大日本百年夢想了，友那人，東北、台灣拿來吧！

7

東北給日本好痛心唄…那台灣朕沒聽過？那是何地？

慈禧

台灣乃移民之島，男無情、女無義，割之可也…。

台灣輿圖
9

8

台灣巡撫邵友廉。

可以調回內地了…很好。

10

台北。

承恩門

接任巡撫唐景崧。

我招誰惹誰？倒霉！！

新任
12

沒有一個日本人比我更了解台灣……25年前（1870）了……

14

以行腳僧扮裝，三個月走遍了島嶼各地。

15

其實是來探測台灣風土民情，時任陸軍大佐（上校）。

16

樺山君，台灣人貭性如何？

18 日本征台聯合艦隊旗艦：「橫濱丸」

北白川能久親王閣下，台灣人愛面子、重判·懼死也……。

1895 年 5月28日，北白川能久親王、樺山大將所率的綏靖部隊約七萬六千人，接近基隆外海……。

20

日本沒想到就在三天前
（5月25日）……

台湾民主國

台灣人知大清割地，群情激憤，成立了「台湾民主國」。

22

大富林維源做議長。

總統？

卯逢甲副總統。

23

NO！

TAIWAN
我們要獨立
INDEPENDENCE

25

NO！

隨著日本人即將逃離台湾。

登岸，大量的台湾人從淡水、基隆、鹿港……

27

24純金國璽

唐景崧總統只想逃回內地。

價值美金六十萬的財物打點好了。

To: 廈門
USD·600000

誓與台灣共存亡～．

31

報告！日寇從基隆澳底登陸。

來了……

32

甘巴茶（加油）

33

日本國
必勝
心

5月28日，日軍登陸澳底，守軍不敵。

艦隊向基隆港砲擊，獅球嶺、大武崙石砲台德製防石砲亦回攻日艦……。

BON！

從此，辜顯榮與日本交好，權傾一時；鹽之專賣權使其後富可敵國，元老院議員，叙於日本……。

民主國「總統」唐景崧變裝逃回福建……

44

再見，台灣

「副總統」邱逢甲南下向總兵劉永福求援，逃回廣東……

45

憂傷的「黑旗軍」統領：劉永福……。

中、法之戰，在安南大敗法軍的榮光耀如今呢……？

47

面對日本軍隊即將南征，心頭不安……

48

沒想到日軍瑯璚（恆春）急速登陸…… 49

遭到民眾反抗，但終被消滅……

劉永福……被府城父老要求離台回內地。 51

已無軍紀的民主國兵勇，趁亂燒殺擄掠，台北、打狗、竹塹……。 52

短命的**台灣民主國**只有12天（5月25日～6月5日）日本領台半首任總督樺山資紀……。

從此世紀正是 53

10

諸神無言

10 諸神無言

俗稱「黑面祖師爺」的清水祖師百年來供奉於北台灣的「三角湧」之地。

溪水潔淨，以「菁樹」染布並漂洗其間……。

山中植樟製樟腦。

淡水河上游之大料崁溪與三角湧溪、橫溪在此沖
積成肥沃平原，水流滙集於鳶山之下……。
日領後改為：「三山夾」。

此地是平埔族之雷朗族四
社的公共捕鹿地。

6

清代初到此地開墾的漢人
必須經過四社頭目的同意，
繳納租金。

7

1895年。日本軍卻在此遭受
第一次的慘敗。

10

台灣の大日本国新領土、
清国奴不敢反抗才是。

9

報告長官，我們的運糧
船在三角湧被突擊了……

何人如此   大膽?

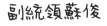

「義單」統領蘇力。

12

副統領蘇俊

分統:陳小埤

14

殺日本狗啊!

天呀,竹林中伏兵這麼多?

15

我不會游泳。

舟山般翻了,往岸上逃!!

16

逃什麼?連蘆葦中都藏著反抗單……。

聽說,走河路的部隊被打敗了……?

走陸路前去大溪的我們應該不會那麼倒霉吧?

19

台北城‥‥

帶女兒去媽祖廟參拜，祈平安。

簡大戶家有大財，美妻秀女欣羨哦‥‥。

34

大人，莫亂來。那是八芝蘭富商簡大獅妻女‥‥

清國奴，那花姑娘是誰？

35

日本人在台灣殖民地，要女人，哪個敢反抗？

別過來‥‥**救命‼**

老爺！老爺！大事不妙了，夫人及小姐‥‥

？

簡府

38

報仇！報仇！

日本人目無王法！竟姦淫我簡大獅的妻女？此仇不共戴天‼

39

八芝蘭為今之「士林」。

40

日本人！還我公道！！

簡大獅抗日，艋舺人亦以響應……。

龍山寺

42

果然是獅子吼……可怕。

43

淫人妻女哪是武士道？簡大獅有理。

武●德

法

44

日本人自知理虧，命令強暴簡大獅妻女之軍人自戕謝罪。

耻

簡桑。請接受致歉。……斯以嗎謝……

一紙慰問狀就是大和解嗎？日本侵台灣如何算？

慰

47

簡大獅又率眾抗爭了。

立刻予以逮捕!!

48

日本當局早有準備。簡大獅敗走，偷渡中國內地……。

登上廈門，就被清人逮捕。

回歸祖地有什麼不對？

台灣已歸日本所有，簡先生，你是日本人，而非中國人。必須遣送你回台灣。

51

我簡氏先祖來自福建，我回原鄉啊！

52

抱歉，哪兒來，回哪兒，台灣人？賤氏！

53

台灣人？果真是亞細亞孤兒？……

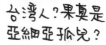

罪犯簡大獅

1895 己未年。日本領台初始，簡大獅之後，新竹以南……。風起雲湧的義軍抗日如野火燎原……。

55

107————逆風之島

11

濁水溪嗚咽

11 濁水溪嗚咽

柯鐵虎

濁水溪。台灣第一大河。百年來有「台灣母親」之稱……1896年中台灣。

看啊，阡陌良田，為了抗日，拿鋤頭的手竟換武器，唉……

柯鐵的心願只是耕種田地，日本人來後，他率衆成了義軍首領。

兩年來的抗日，歷經11個日夜了，歇的「八卦山」戰後，柯鐵虎的確是累了……。

5

自稱：八千歲。

6

1896年簡義在雲林（斗六）組抗日軍，攻打鹿港。同年12月，柯鐵虎起義……。

「虎」是部象加上的。

8

初次起事，柯鐵虎以13响槍一把，7响槍三把，埋伏林間行蹤飄忽，嚇走了五百日軍。

9

日軍以為義軍象多，中伏之後留下大量裝備、粮秣奔逃……。

10

弟兄們！我們去加入「八千歲」簡義大爺在「大坪頂」的部隊……。

11

初次的勝利，竟是大屠殺的開始。日軍慘烈嚴苛的報復行動……。

11

屠村！

進入「斗六門」的日軍燒毀396戶人家，婦女受辱，人民死亡……。

五十五個村莊，389戶化為灰燼，國仇家恨！下山殺日本狗！！殺

猛虎下山囉！ 殺～～

林圯埔

從彰化到大林，抗日軍聲威勇猛，日軍不留一兵一卒。

弟兄們，我們打退日本狗了，回去種田吧。只有土地是最真實的人生……。

1897年7月13日。日軍出動精銳，奪回斗六門。14日林圯埔陷落。18日反抗軍基地大坪頂失守……

BON～N

第九師團

簡義投降。很好。那個柯鐵虎仍在頑抗……。

19

如此沒原則之人？丟了台灣人的臉。我一定要搶回大坪頂！！可恨……

20

那年12月。奪回大坪頂，改稱：鐵國山……。

21

年號：「天運」。
宣誓：「奉天驅逐日寇，恢復台灣」。

日方派出特使勸降柯鐵虎，正是辜顯榮……。

23

兒玉總督開明，只要歸順，既往不咎，並給予撫慰金。

24

識時務為俊傑啊，我是為台灣人好。頑抗最後被消滅。這值得嗎？

25

抗日勇士柯鐵（虎）認為他是「戰勝者」。日本求和？
最後還是回到他的農夫　　　工作，歸回田園……而
台灣的母親：濁水溪　　　您如何詮釋？

柯鐵之後，陳秋菊在北台灣抗日亦受挫；日本當局授予「樟腦專賣」，恩威並濟……。

27

大日本帝國
台灣

叛亂彌平再來就是好好經營台灣了。

從1895年6月日本領台十多年後，嚴酷統治；台灣人內心苦悶、深恆……。

30

1895年10月28日。北白川宮能久親王死於台南。日本宣稱是病死於瘧疾，反抗軍卻說是被其誅殺……。

31

日本自始不明白，何以台灣人的反抗前仆後繼？

32

極力攏絡，依附的御用文人、仕紳亦為數不少……。

揚文会
明治33

壓制不歇……反抗依然。

1902 年 5 月。林少猫被討平。1898-1902 年被日本殺戮的台灣人達 11950 名……。

35

難道……台灣人要認命嗎？

西來庵

36

就算我余清芳做過日本政府巡警補、官廳書記，我都看不下去了……。

想反抗日本？以我們「西來庵」名義向信徒募款？

羅俊

苗栗人羅福星在大湖蒙難，他加入中國孫逸仙革命黨，人家成功建國了。

江定

39

百密一疏局於旅

……同志竟被日本當途中**逮捕**……

你叫蘇東海吧？想去中國買槍械叛亂？抓起來！！

TO 廈門

40

西來奄起義那年，我才八、九歲，在台南玉井…

楊逵先生。

日本軍隊拉著礮車前來，風聲鶴唳

41

43

甲仙埔駐在所

弟兄們，先下手為強，替台灣人爭口氣!!

大明慈悲囯

44

報告!玉井、府城、阿猴、鳳山、打狗…好多人民都加入反抗軍。

探子

什麼?大明慈悲囯?這些亂民活在古代呀?給我殺……

46

彼時整個南台灣抗日烽起幾牽動搖日本殖民統治之初始……

BONN

47

日本出動部隊向南征伐。

征台精銳

屠殺・滅村……日軍征伐之處，無一倖免……。婦孺老弱皆死於非命。

唉，羅俊、江定兩兄，……是我余清芳拖累了你們……

人生終歸死去，相信子孫會記得我們為台灣所做的。

50

51

勇敢赴死吧！台灣兄弟們！

52

被捕總數 **1957** 人，處死者 **866** 人（部份改判無期）史稱：**噍吧哖事件**。

53

這也是台灣人抗日的武裝起義最後一次。

12

天皇足下南方

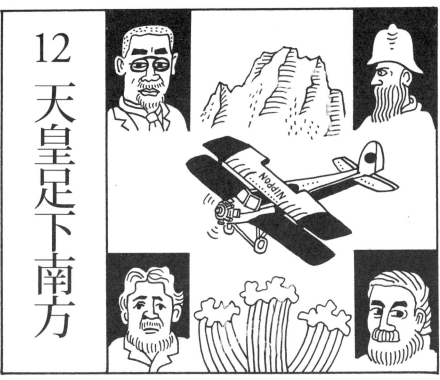

12 天皇足下南方

玉山 台灣第一高峰。
3952公尺，壯濶於雲端。

1896年，陸軍中尉長野
義虎首登玉山頂峰。
時為9月……

同年11月3日竹山撫墾署長
齊騰音——攻頂成功。

天皇万歲

翌年6月28日明治天皇賜
名：**新高山**。誰知……

錯了！
那是東
峰，非
主峰！

4

1898年12月26日，德國人史坦貝爾其實才是首登「新高山」者。 主峰

亂講，真正首登的是：1900年4月11日登頂的森丑之助。

森丑之助是台灣博物學、自然史的奠基者。

和**鳥居龍藏**這位人類學家對日治初期很有成就…

日本領台前後，西洋人抵達此地也不少……。

1865年起，基督教長老會開始在台灣蓬勃發展。

莫驚，馬偕醫師替鄉親免費拔蛀牙。

神愛世人……

馬偕醫師一生奉獻台灣，共拔了三萬多顆牙……。

12

他還娶妻，是本地女子定居於淡水。

13

自然學家柯靈烏（C.Collingwood）在北台灣沿著淡水河、基隆河上溯、記載……。

14

其實在清代，吳光亮已逐步開發山區步道。

郁永河來北投大屯山採硫為時更早。

裨海紀遊
16

宣教士以醫師身份來到台灣，馬雅各是代表人物。時為1867年。

17

雖然他在廈門學會閩南語，卻被府城漢人趕出去……

滿身打狗港,剛好有個海關人員陪馬雅各前往六龜山區,協助原住民成功醫好瘧疾、熱病、眼疾……很受歡迎。

遠來的紅毛鬼比巫師有用?氣人!

19

他是深諳風土的必麒麟,1863年來台任職安平海關。英國人。

基本上,他還是擔負了為英國政府勘查FORMOSA資源的任務。一切以帝國利益為主。

21

巴該呀嚕!畫漫畫的林桑洋鬼子說那麼多幹嗎?

別忘了日本在台灣的現代化建設哦!

後藤新平

22

阿輝伯說:22歲前我是日本人。

岩里政男

經歷日治五十年,老輩的台灣人何以對日本人有眷念之情?

內地風物

1912年6月～1919年3月設計的台灣總督府地現代化的建設。

由建築師長野宇平治完成，開始進入殖民事實是掠取資源⋯⋯

昔之台灣，民舍人畜雜處，疾病易生，改善衛生為首務。

習於

27

建立戶籍登記以控制台民。

叫何名？住何地

戶籍法

28

茶好喝。

香蕉好吃。

第一憨，種甘蔗給會社磅⋯⋯。

制糖会社

30

南台灣高雄、北台灣基隆擴建港口，從此日本・沖繩與台灣形成「內海航道」。

福岡丸

31

基隆到高雄的鐵道亦以極迅速之效率完成。
全島交通路線逐一連貫，台灣現代化幾將這原
本農業形式的島嶼，朝世界同步推了一大步。

後藤新平在1898年3月前來台灣
那時42歲，任職民政長官。八
年八個月任　　　期，做了最
多的建設。

LOVE　　　　TAIWAN

33

直屬第四任台灣總督
兒玉源　　太郎。

34

1905年台北
市街有了「
電燈」。

电灯

35

以前可以，現在不可以？

禁鴉片

檜木

八田與一

雖然也有如規劃「嘉南大圳」
的工程師八田與一的賢士，
終究日本還　　　是
支配掠奪　　　者。

37

波瀾湧漫著歷史流迴，日本帝國統治下的台灣不再有反抗嗎……？

38

南進印度洋各國的侵掠計劃從這新殖民地展開。

農業社會，目不識丁的勞動者被剝削，敢怒不敢言……。

家境好些者，子弟習醫安身立命，默然於生涯。

醫學

41

1911年，孫中山中國革命，推翻滿清，多少有啟蒙……

三民主義

42

自由主義？民主思想？祖國是……？

台北帝大

一股騷動……殖民地台灣的知識份子，由於中國革命，思索這島嶼未來的命脈，日本人開始警覺。

刑事

44

1927年台中望族林獻堂先生辦了台灣人首份「台灣民報」。

蔡培火

新民会 FORMOSA 要高度自治

杜聰明是台灣第一位醫學博士。

1921年宜蘭人蔣渭水組「台灣文化協会」有2000名会員與「新民会」推動「台灣議会」請願運動。

公益会

辜顯榮，別忘了你是台灣人！

叛逆！！

彰化醫生作家賴和以文學對抗。

一桿秤子

所有台灣人抗爭終被統治者予以分化、彌平……。

抗議

請願

四百年來，台灣先民的故事，正是一部移民之血淚史詩。

以後的「皇民化」、太平洋戰爭、國民政府、228事件……就留給讀者用心尋看。

完

祝福 FORMOSA

作者

附錄一

再會福爾摩莎

東年

　　美國愛荷華大學寫作班研究，曾獲聯合報、中國時報小說獎，曾任聯經出版事業公司副總經理兼副總編輯、《歷史月刊》總編輯、歷史智庫出版公司社長；現任聯合文學社務顧問。著有短篇小說集：《落雨的小鎮》、《大火》，長篇小說《失蹤的太平洋三號》、《去年冬天》（同名改編電影）、《模範市民》、《初旅》、《愛的饗宴》、《地藏菩薩本願寺》、《再會福爾摩莎》，散文集：《給福爾摩莎寫信》，研究：《桃園開拓軼史》、《道法自然》、《花神與花祭》、《神社的建築與思想》。最新作品／長篇小說〈愚人國〉三部曲：《愚人國》、《城市微光》、《美好時光》。

再會福爾摩莎

東年

　　好多年前，福爾摩莎發生中國農民大規模暴動的時候，原住民土著曾經協助荷蘭人加以平息。這次的戰爭，如果我們是在本島上守著普羅岷西亞城堡，也許原住民土著還是會選擇和我們荷蘭人並肩作戰，畢竟我們對於他們的土地沒有興趣；我們是商人不是農夫。但是，我們現在是被包圍在島外的沙洲上，面對的是數倍的，不但是專業軍隊而且具有相當強的槍砲，再加上救援艦隊根本沒作為，我們看起來是沒什麼希望的。此外，從中國軍隊剛上岸那陣子，他們對於荷蘭人相當不友善的情況看來，我們長久以來的一些什麼作為，一定令他們相當反感。

　　我們可能抽了太多種稅，我們可能引進了太多的中國農民，我們可能做了太多的鹿皮生意使這裡的鹿幾乎滅絕，當然還有我們的傳教師從來就沒能夠從年長者，或某些民族主義者那裡獲得誠心的信服。

　　啊，這些純樸的原住民土著，如果明白福爾摩莎一旦落入中國人的掌握他們的命運必將完全改觀，他們當然會選擇危害較小較緩慢的荷蘭人。

　　這些原住民土著雖然部落間常有激烈戰爭，但是或許因為極珍惜自己和同胞的生命，膽子很小傷亡就很少；我已說過，他們在戰場上只要有損傷一人就可能盡速全軍撤退。大抵而言，他們是生活在一種烏托邦；這點，我說過的他們耕作態度、行政組織和運作方式都可以顯示一斑，天知道他們在這裡生活多久了，他們一本書也沒有，也沒有任何人能寫出一個字母，或者任何像字母的形式；這或許也可能表示

他們的歷史比埃及和中國人還久遠。他們以口語把需要的知識一代代流傳下來，但是不知道任何有關這個世界的創造，當然也就不知道這個世界有一天會毀滅，無論是宗教的或物理的看法；他們以為這個世界長久以來就存在，而且會繼續存在下去。

　　對於他們大部分人而言，死亡似乎不是什麼可怕的事。

　　他們的死者，並不像我們歐洲人或中國人那樣的習俗埋葬。在為期兩天舉行榮耀死者的儀式之後，他們在屋內將死者綁手綁腳放在一張竹片編的平台上，旁邊點起火來將屍體慢慢烤乾。這時，另一些喪葬儀式就開始舉行，各依自己的財力，殺起豬來，毫不節制的又吃又喝。村民在人死後會很快的趕來探望，因為喪宅會敲響一節中空的木頭；聽到這種鼓聲，大家就會跑去。女人都會帶去一罐烈酒，喝足了，她們就在喪宅前跳舞；她們將巨木砍成的水槽翻倒，在上面跳舞，因此會弄出很大的聲音。每一個水槽上會背對背兩列婦女，每一列大約四或五人，他們並不跳躍或跑步，只是緩慢的手舞足蹈；如果有人跳累了，會有其他隊伍去輪替。這種舞蹈通常會連續跳兩小時，是莊重的儀式。屍體要烘烤九天，但是每天都要清洗；第九天，遺族將烤乾的屍體從平台移下，用草蓆包裹，放在屋內另外搭起的平台，四周用衣服圍得像帳篷。村民再次參加盛宴以榮耀死者，而死者將在那裡躺三年，然後才被移下來埋在屋子裡。

　　如果一個重病的人忍受著極大的痛苦，他們就會在他頭上繞一條繩子吊起來，像是要將他吊死，然後突然將他放倒下來；這樣，就提前解決他的痛苦。這當然也不符合文明人的習俗，但是他們和我們一樣也相信靈魂不死。

　　當人死後，除了死者所在的屋內四角各會放一支旗子，屋子裡也會放一大碗水和一支竹杓子，因為他們相信死者的靈魂每天都會回來洗澡。

他們也相信死後的靈魂會遭受到處罰或獎賞，這當然也是由神決定，至於是什麼樣的神我倒不清楚，因為他們自己也不講究，他們信仰許多許多的神，主要的是南方神和東方神。南方神創造人類，使人類長得漂亮，他的妻子就是住在東方的神。如果東方打雷，他們就認為這是女神正在和先生談話，譴責他不下雨，這樣雨很快就下來。北方也有神，這神使人類長得醜惡，長天花那樣的疤痕或類似的缺陷。關於出門打仗也有神；就是這樣，他們信仰各種和起居生活有關的神。不過，南方神還是最重要而且最強有力的。無論如何，主神決定也好眾神決定也好，死者的靈魂必須走過一道極窄的竹橋。生前行惡者走在橋上，橋面會突然翻覆，將他投進滾動汙穢和爛泥的大河中，受苦受磨；生前行善者，會安然過橋，去到一個許願之地，再次獲得舒適愉快的生活。

我這樣說差不多是清楚的，但是在他們之間，關於自己的這樣信仰，差不多每百人才會有一人有概念；所以，大部分根本算是沒信仰，不過是跟著大家奉行吧。至於什麼是生活中的惡行，也沒什麼成文的規定，或深刻或抽象的意義，就是我說過的某些月分裡必須裸體，某些場合不能穿絲綢那樣過度招搖。此外，像某些月分中不能採擷牡蠣，做重要事前應注意聆聽鳥的叫聲，還有許多說不完的禁忌。但是許多我們禁忌的罪惡，他們卻不以為法，像說謊、偷竊和謀殺。

他們事實上非常窮困而致寡廉鮮恥，有傳教師說這是東亞地區最壞的情況，所以給他們一點零錢就能夠撫慰他們的貪欲。但是，他們並不全體傾向於偷竊，或不願意歸還失主任何他們拾獲的東西，只是有些地方確實以賊和盜著名。賊、謀殺、兇殺和通姦，這些犯罪並無法律處罰。一個人如果認為自己被侵犯了，偷東西的人會被公告周知，被偷的人可以帶朋友到小偷家去搬東西，或者強迫這小偷訂立賠償協約。一個人如果和別人的妻子通姦，遭辱的丈夫可以到姦夫的豬舍去抓兩隻或三隻豬。當一個人被殺害，兇手的朋友和受害者的朋友會見面協議多少張鹿皮的賠償，賠償

獲得被害一方的滿意，兇手就不須再躲藏。

　　沒有人可以任意結婚，男性必須年滿二十或二十一歲。他們並不記憶誰的出生年度，但是似乎清楚誰比誰年長，誰比誰年幼。那些同年、同半年或同月生的人都被認為同一年生，同年紀；同年紀也不能結婚。在十五、十六或十七歲前，他們的頭髮不能蓋過耳朵，和我們一樣他們也剃鬍鬚，但是他們沒有剪刀或剃刀；他們把頭髮放在木板上用一種類似小刀切斷，至於鬍鬚，他們用一對銅片、鐵片或竹片一根根夾著，用勁扯落。十七歲起他們的頭髮愛留多長就多長，看起來和中國人一樣，這時候他們就可以去向異性求愛。

　　女性並不剪頭髮，她們任頭髮一直長。一旦她們被認為適齡，就允許盡早結婚。男人如果看上一個女人，就請他的母親、姊妹、表姊妹或其他女性友人到女方家，向女方家長表意並獻禮。如果女方滿意並且收下聘禮，這婚約就成功了。雙方並不舉行結婚儀式，接下來的晚上，這對男女就可以在一起。聘禮當然隨每個人的資力而不同，最有錢的人送七到八件裙子和許多衣服，三或四百件竹子做的臂飾和手鐲，十或十三只鐵或鹿角做的戒指。這種戒指很大，像截去兩頭的蛋殼，幾乎可以蓋住一節指頭。當她們打扮自己的時候，會用狗毛編織的紅色紐帶把戒指固定，那些戒指真的太大了，手指會撐得很開而疼痛，但是她們認為張開的手非常漂亮。聘禮還包括四或五條亞麻布做的腰帶，十或十二條小狗毛編的衣服，二十或三十件中國衣服；這些衣服確實昂貴。還有一簇頭戴的狗毛球飾，美麗精緻得像我們紅衣主教的髮冠。另外還有四到五雙生鹿皮做的長襪，由於生硬，必須用皮帶綁在腿上。沒這麼富裕的人，聘禮給三或四件手鐲和臂飾，兩或三條裙子和一點衣服。一般人家的聘禮，只好按自己適當的身分和能力，盡可能多表示一點。

　　女方收下聘禮，妻子就在自己家等候丈夫晚上來訪。他不能公開光臨，不能接近亮

光或燭火，必須像小偷一樣溜進去，躺在床邊不發一言。如果他想抽菸或做什麼事，也不能開口說話，按習俗他必須輕輕的咳聲，妻子就會走上前來為他服務，然後回到她家人那邊。如果他們就寢，妻子當然就睡在丈夫旁邊，但是天亮前他必須一言不發像貓一般溜出去。白天，這男人是不准到女方家的。他們的床並不舖床墊或草蓆，也沒枕頭；他們枕一段木頭，而竹製床上置木板再舖鹿皮，有時候他們是睡在地上舖的鹿皮上。

年輕男子和女子並不住在一起，女人和她同年代的女性親戚擁有自己的田地和房子，一起生活一起耕作自己的需要；男人和他同年代的親戚擁有自己的田地和房子，也不為妻子耕作或積蓄，同樣各供養各的生活。男人白天下田女人晚上下田，彼此很少相遇，在別人面前他們也很少互相招呼。丈夫如果想和妻子親熱，就必須先找人去她的住處通知她，如果妻子出來表示他可以進屋子，如果她沒出來，不論她在或不在他都必須再試一次。有時候，他白天來訪，這時候屋子裡的其他女人就必須走開。當然，如果他們想秘密幽會，他們也可以約定時間去只有他們知道的地方。

孩子生下來是留在母親身邊，直到他二十一、二、三歲才和父親住一起。結婚的早些年女人不能懷孕，根據習俗女人要到三十五、六歲，甚至於三十七歲，才能懷孕生子，否則就必須墮胎；她們躺在床上或地上，由女祭師用手推擠，這種墮胎的痛苦簡直勝過生產。她們並非缺少母愛，而是罪惡和恥辱的禁忌。據說這裡的女人一生大概墮胎十五、六次；有一個女人和傳教師說過她墮過十七次胎，以至於到了習俗准許生育的年齡卻無法懷孕或留不住胎兒。男人到了五十歲就可以離開住所、親族、神，和妻子長住，但是他們不常在家，大部分的時間都在田裡工作，晚上就睡在那裡搭建的茅舍。習俗規定男人一次只能夠和一個女人結婚，偶爾才會有男人擁有兩個妻子，但是這樣會被認為不正常。習俗並不要求男女必須從一而終，如果他們彼此不再覺有樂趣或互相眷戀，他們就可以離婚，但是如果他們提不出厭惡以外

的理由，好比通姦、私奔或傷害，他們就不能要回從前給她的聘禮；這權利也適用於女性。因此，時常在幾個月中，一個男人換了幾個女人。關於通姦，這裡的男人可說是大嫖客，即使他們有妻子，任何通姦的機會他們都不會放過；或許因為他們認為他們的神也樂在其中。所以，如果有父母發現子女和別人通姦，他們只管嘲笑並不禁止，只要求這種事不要曝光。好在他們血親之間不准結婚，甚至於延伸到四代。這大約就是有關他們婚姻生活的全部內容，以及在其間什麼可以做什麼不能做。

酗酒似乎也不算罪惡，因為他們男男女女都愛喝酒，而且認為醉酒是無傷大雅的樂事。這倒是很容易理解的，他們沒有假日或禮拜日，每天都得工作，除了一些喜慶的日子；這種日子裡他們就成群結隊的聚在一起玩樂、跳舞和醉酒。

無論如何，沒有什麼明確的標準或規範讓他們分辨什麼是罪惡。假使他們之間有犯錯的爭議，也沒有我們那種法庭的宣誓，只有詛咒；這爭議的雙方以折斷一片稻葉來保存詛咒的效力。我們可以確定這裡的原住民土著是無政府的世界，但是我們不能說他們是無神論者。他們也許沒有牧師、主教或其他神職人員，但是他們有女祭師，他們供奉犧牲，召喚神；供奉的是豬肉、米飯、檳榔、酒、雄鹿和野豬的頭。供奉犧牲之後，一位或兩位女祭師以冗長的致詞召喚神，這時她們會滾動眼珠子，跌倒在地上，大聲尖叫。當她們像死人癱倒在地上表示神已經降臨，然後，當她們恢復意識，像是痛苦的打顫，就表示神附著在她們的身上，這時候她們也會流下眼淚哭起來。這些儀式大約花了一個小時，然後女祭師就會爬上神壇的屋頂，每個角落站一個，又開始向神致詞，脫光衣物，舞動雙手抖動身體。旁觀者大部分是女性，但是這時候都已經醉得站不直了。這些女祭師的其他職務還有預示好壞天氣、評定地方乾不乾淨、驅逐惡魔。當惡魔住在人身上，她們就會大聲責罵加以驅逐，有時候她們也拿手斧追趕惡魔附身的人，直到他們跳下河淹死了；惡魔死了，人也死了。

我曾經看到一個癱倒在地上的女祭師，五個人去抬都抬不動，這事使我很困擾。假使這是假的，是表演，那麼他們的處境跟我們的一樣，接觸不到任何神；假使這是真的神蹟，那麼他們的神當然和我們的神不同。喔，我又在講蠢話了，我要說的是，他們的世界確實和我們幾乎完全不同。我們的傳教師剛踏上這島嶼就聞到濃厚的邪惡的味道，是為最深沉的黑暗，要在其間投下上帝聖潔的光；現在他們都死在原住民土著或中國人之手。無論如何，原住民土著是不可能再和荷蘭人並肩作戰了。

　　福爾摩莎的戰爭，在一月二十八日，因為荷蘭人投降，終於結束了。

　　現在是一六六二年二月二十七日，我們全部的倖存者分搭八艘船艦，十天前離開日蘭地城堡正在南中國海往南航行。這樣規模的荷蘭船隊，在這附近的海域航行幾乎不會遭遇到任何挑釁。這個季節，在南中國海也不會吹起特別危險的風暴。無疑的，再一兩個月間，我們會平安抵達爪哇的巴達維亞城堡。有些人或許還會停留在亞洲地區為荷蘭東印度公司工作，大部分的人一定渴望轉船回去荷蘭。不論個人前往何處，將再怎麼樣生活，也許到了年底沒有誰再會記著過去這一年，在福爾摩莎忍受的折磨、困苦和驚怖。當然，也有人終其一生的想念這些特別的日子、那些死去的親戚、朋友，甚至於陌生人。倖存的緣故，有些人當然會自覺自己必然是上帝的選民，而信仰更加虔誠。

　　有關上帝的信仰，我忍不住又想說風涼話，但是，我發誓這是最後一次。想想那些率先被凌虐致死的牧師，這如果不是上帝選民的意思，人們最好離上帝遠一點。

　　我們撤出福爾摩莎的場面算是相當有尊嚴的，日蘭地城堡除了白旗並不掛中國人的旗幟，軍隊全副武裝、子彈上膛、燃著火繩在飛揚的軍旗和鼓聲中離城上船；我們也被允許充分的裝載航行所需要的食物、物資和軍火。一般人被允許帶走私人財務，

議員和高級官員則有相當高額的優待；日蘭地城堡內全部的財務、軍器和軍火則規中國人了。早些時候，許多向荷蘭人借錢或欠債的中國人或許高興他們的債務會因為戰爭一筆勾銷，現在那些帳冊全被國姓爺要求移交了。我比較反感的是國姓爺也強取荷蘭人孤兒的錢，據說有五萬里爾之多。這些未成年人沒有經營管理財產能力，所以我們設立孤兒財產管理所，將他們的財產借貸中國商人生利息。當然，這些中國人的債務也歸國姓爺了。

我們並非一開戰就投降，如果這樣，我們當然無法那樣尊嚴的撤離。

去年十二月中，有一個日耳曼籍的傭兵逃出城去投降，據說他的建議改變了國姓爺圍城的戰略。去年十一月中，我們曾經派出賈克伯・蓋尤司令官去中國大陸和韃靼人接頭，後來我們確定他開溜了，這對我們守城的軍心有極大的影響，以後就經常又有人逃出城去投降中國人。但是，這位漢斯・吉瑞恩・雷地軍士不是一般的軍人，他參加過多次歐洲的戰役，是陸戰非常有經驗的老手。這軍士那天傍晚午睡醒來，扛著槍對同伴說要去海邊射海鳥，有些人還燒起熱水等他回來打牙祭呢。他走出城堡，延著海岸線向西南方中國人指揮部走去，發覺他可能叛離，我們曾經派騎兵去追，他卻已經走遠了。

無論如何，一月二十五日那場大砲戰，早在去年五月就應該要發生。國姓爺繼續遲疑，也因為他確實需要一座完整的城堡。這場可能打垮城牆的砲戰終於發生，據說，在福爾摩莎港口要塞地區是否擁有一座完整的城堡，已經不是最需要優先考量的事。再說，天知道在爪哇的荷蘭人是否又在準備什麼更加規模的救援，而這一陣子他認為自己儲備的軍火也足夠充分於再打一仗。總之，漢斯軍士的投敵使戰場上的僵局新起了動機。國姓爺當然已經明白我們最新以及更加的弱點，諸如：蓋尤司令官帶走了較善戰的部隊，我們的守備只剩約四百人，這些人繼續持續的警戒或病或亡，

必定再受不了全面圍攻的恐怖，這樣的情況下中國部隊可以最少的冒險、犧牲和時間獲得瓦解荷蘭人士氣的最大成效；此外，日蘭地城堡的城牆按推論可能撐不住連續兩天的密集砲擊。

一月初就有消息說中國人在福爾摩莎的鄉間大量砍伐竹子，他們一向以竹子製作跨越壕溝登攻城牆的雲梯，以及防護部隊的籃堡；這是用一個個竹籃盛裝泥土去堆疊護牆，白天就在上面架砲掩蔽部隊，晚上則視軍況需要可以向前或向後移動防線。到了月中，這些戰備似乎在加緊打造，大員市鎮日夜傳出劈砍竹子和各種運作的叫喊聲。不久之後，我們就看到大量的籃堡出現在城東外的墓園和市場附近，以及城西南外的空地，而大員市鎮裡許多建築物旁邊都立起高大的雲梯。我們的陸路完全被斷絕，除了北方城牆下的海岸，以及有我們柵欄防衛的西北角海岸；這裡接近我們船舶的錨泊處。我們看起來將被三十門大砲轟擊，但是衡量大部分砲口的指向，敵人似乎將城西南外高地上的烏特勒支碉堡列為主要攻擊和佔領的目標。這樣，長官們明白這是生死存亡的一戰了，因為這座配備有幾門重砲的碉堡，是保護日蘭地城堡的重要工事。敵人如果佔領那片高地，站在那裡連城堡守軍的腳都看得到，從那裡發砲射槍，城堡對於守軍的蔽護就完全失效。

我們確實應該派出部隊去增援烏特勒支碉堡；那附近的敵人除了堆疊籃堡還挖了壕溝藏了幾千人。想完全壓制這些敵人需要六百名援軍，這當然是奢望。除了運去四個月分的糧食，我們毫無餘力。

我們當然非常努力以城砲去破壞大員市鎮的雲梯或城東的籃堡，我們也試過用船砲去轟擊西南邊敵人的陣地；經常砲轟之處竹片紛飛泥土四濺，但是中國人根本不理睬我們。更大量的籃堡和雲梯繼續在我們外圍的路上及海上運來運去，大員市鎮繼續日夜發出更大的劈竹子的響聲。

戰爭隨時就要爆發了，因為二十二日清晨有一位中國的高級軍官想爬越柵欄探勘軍情，被我們的守衛在肩膀上射中一槍，隨即被騎兵砍下腦袋。看他的配劍，應該是非常高階的軍官，或許還是國姓爺的心腹大將。但是，這件事對於中國部隊的行動似乎絲毫沒有影響，大員市鎮繼續日夜發出工作的響聲嘈雜得像蝗蟲過境，而在陸上調動的部隊像螞蟻那樣密麻。

一月二十五日，天氣非常晴朗；我說過南福爾摩莎的十二月和一月有最適合出門旅行的天氣。一大早，中國人的陣地就浮現節慶般歡欣的氣氛，海上各種船和陸上各處軍營都掛起鮮豔的旗幟，砲火猛烈向日蘭地城堡和烏特勒支碉堡轟炸。那些砲聲密集得我每次呼吸就會聽到一聲、二聲或三聲，因此隨時都會有互相重疊或竝發的砲擊聽起來像天崩地裂。

大約兩個小時的砲擊，烏特勒支的頂蓋就被砲彈打翻，敵人兩次抬著雲梯想從南邊的破壞攻進去，但是我們勇敢的士兵使用手榴彈、臭氣罐和長矛奮力還擊，造成敵人大量的死傷，使他們被迫撤退。

敵人強攻不成，又繼續猛烈砲擊碉堡。

我們城裡曾經派出一小支部隊去支援，解決了雕堡附近的敵人，但是隨著部隊前往的木匠和工匠說雕堡的橫樑和柱子都毀壞了，磚石也一塊塊鬆散。這碉堡隨時都會崩塌，而且到處是穿透的孔洞，敵人可以探進竹竿去刺傷守兵，真是無法再守衛。無論如何，這碉堡也再禁不起幾個砲彈的轟擊。因此，那裡的部隊只好釘死了全部的大砲，把軍火和存糧又盡力搬回城裡。最後，他們在地下室點燃導火線，預計兩個小時後自動引爆四桶火藥將碉堡炸毀。他們夢想國姓爺會就近去視察這個被遺棄的碉堡，那時就會被炸個正著；這願望當然沒有實現。

成功的解決了烏特勒支碉堡，敵人立刻佔領那片高地，連夜挖掘壕溝來防護部隊，並且企圖建立大砲陣。我們當然必須阻止他們這種致命的行動，整個夜裡日蘭地城堡不停的發射大砲、砲擊砲、手榴彈和步槍，大量的煙霧和火光使整座城堡像失了火；這真是焦灼的地獄的景象。

我們之間的有些人，確實在那個地獄沉淪消失了，我誠摯願望他們的靈魂能夠聽到耶穌基督的召喚。至少，他們到目前為止，還能夠有所安慰的，就是我們倖存的人並不在天堂；上帝確實不是拿這場福爾摩莎的戰爭篩選他的子民。

我們在茫茫大海上航行，是大洪水中挪亞方舟的難民。但是，就像船上的牲畜並非被帶去什麼應許之地，是我們的糧食，我們之中的大部分人也不算上什麼潔淨的義人；上帝說：你和你的全家人都要進入方舟，因為我看你是義人。我們之間幾乎所有人都惋惜被國姓爺搶奪去的財物，他們埋怨那些財物不曾在去年九月救援艦隊來的時候送上船，或者送上一月二十五日砲戰開啟時匆忙出港，前往巴達維亞總部警告的梅頓號；如果這樣，那些財物現在就會絲毫無損的在我們航道前方二十多天船程的某處。有些議員、長官和商人怪罪投降太快，他們認為經那一戰，國姓爺的軍火也許消耗費過多已經元氣大損，也許再沒力量展開另一波攻擊，又說什麼畢竟我們是歐洲強權。有些人平實的怨嘆時運不佳，談五月季風和九月暴風的不巧。假使他們的想法相同，就更加細緻的喋喋不休，相濡以沫，假使相異就爭辯得目紅耳赤或反臉成仇。有些公正的人，持平懊悔我們不曾真正愛原住民土著，要不然他們一定會和我們對中國人並肩作戰。真正的義人，願望任何來到福爾摩莎的人都能夠和平相處。

無論如何，我們已經輸去了福爾摩莎的戰爭。失落了烏特勒支碉堡和高地，日蘭地城堡真是禁不起空中來的砲擊，事實上，經那一戰，上層城堡的砲台連牆，特別是

東面已經嚴重損壞。我們有許多人不是因砲彈、槍彈或弓箭而傷亡，是因為城牆崩塌而掉落的木頭或什麼粗重的碎片。再說，儲藏糧食的倉庫也被砲火燒燬了。敵人在高地上新設的砲陣，當然也能輕易的掃平我們城外西北角的柵欄防區；失去這些防護，通往船泊地的道路將被斷絕。這樣，在強大的救援艦隊即將使冒險闖過岸砲，到了岸邊，部隊也無法集結進城。

記得我開始寫信時，曾經猶豫是否要告訴妳沒收到妳寄來的衣物，後來忍不住還是說了，因為渴望觸摸到親人相關的事物而惋惜。真沒想到在這信的結尾，我也會猶豫是否要告訴妳，我的右腿膝蓋被城牆塌落的石塊砸裂了。我是被抬上船的，這一陣子我都躺在陰暗的船艙，在黑暗裡。我當然很高興能夠告訴妳，黃昏的時候我曾經爬上甲板；我真是用爬的上了樓梯。外科醫生送了我一副拐杖，原來使用它的人，不久前他的朋友們才為他舉行海葬；他右大腿被砲彈炸碎，雖然僥倖保存一命上了船，終沒熬過敗血的致命。撐著拐杖，我在甲板上看起來像海盜，這感覺很奇怪但是很好，使我覺得和粗獷的大海很親近。

外科醫長開我玩笑，說這是我瘸了腳的緣故。然後，他正謹的說起聖經故事裡，雅各在回鄉途中某個夜裡和天使角力的事；他們摔來摔去，摔到天亮了，天使眼看鬥不過就在他膝蓋上摸了一把，使他瘸了。但是，天使對他說：你與神與人鬥都勝；並給他祝福。最後，外科醫長又說；那天使就是上帝，你也一樣吧，你和上帝角力，勝了，祂瘸了你的腳，也會給你祝福。我當然明白他是以此玩笑安慰我，但是我也明白他是認真的，他是相當有教養的人，也經常能夠閃亮出智慧的火花。

那時候，我們東邊的水平線上彎起一道彩虹；我正是看到彩虹想起我們在茫茫大海中航行，像是大洪水中挪亞方舟。關於彩虹，我也能夠背起其他的經文；上帝說：我與你們和你們這裡各種有生命的，所立永恆的誓約是有記號的；我把虹放在雲彩

中。這是大洪水消落之後，上帝賜福挪亞所說的話語。

但是，我們並不往有彩虹的東邊航行；我們往南前進，一會兒彩虹就消失了，再一會兒白天結束了，天黑了。

創世紀說：神創造天地，地空虛混沌，淵面黑暗，神的靈運行在水面上，神說要有光，就有了光，神看光是好的就把光暗分開了。

我當然看不到神的靈運行在水面上，我只能感悟一種能量能夠推動風雨、洋流、星辰以及萬物萬事的生化幻滅。這樣的神性當然不是在世界之外；對於人來說，它必然是在人體之內的肉體或精神中。如此自覺的人，當不會懊悔自己的過去有可能過什麼樣不同的生活，也不會憂懼於自己將來會可能是什麼樣的存在。我只能看到自己的靈運行在水面上，想要在黑暗中讓自己的心中有光，就有了光，我看見光是好的就把光暗分開了。

對於在福爾摩莎曾經生活過的我們，死者已死，福爾摩莎對於他們來說已經沒有意義了；活者將繼續存活，像我。福爾摩莎對於我來說，是我自己的歷史，是我自己歷史的一部分，我想念她，不知為何眼中竟滾動起淚水，也許因為戰火的記憶中夾雜著其他什麼生活的記憶。但是，無論如何，福爾摩莎已經遠遠在我們航道後面繼續遠去，我的一切其他回憶也都在離去，遠遠的離去。

因此，這信就寫到這裡，讓我們來說：福爾摩莎，再會！

摘自東年《再會福爾摩莎》小說（聯合文學出版社）

附錄二

十二天

十二天

林文義

1

一八九五年五月二十五日，基隆獅球嶺砲台，發出了二十一響沉渾的砲聲，祝賀台灣民主國之誕生。

二十歲的劉阿南搬運著沉甸的砲彈，一身涔涔、黏答的熱汗。這個來自廣東梅縣的客家子弟，在與同僚搬完最後一箱砲彈之後，四肢痠痛、鬆軟地癱在砲台最左側碉堡臨海的安山岩矮牆邊，像條狗似地伸長舌頭，不停地喘氣。

「台灣民主國？大清朝廷呢？皇上不理會我們了？」

劉阿南將頸後的辮子繞到身前，不解地想著。

視野來回巡了一次，幾個同僚正拿起丈二長度的棉布桿，清理仍然冒著充滿瓦斯熱氣的砲膛，幾分鐘前的轟然巨響，如今卻只剩一片異樣的沉寂，長官說今天是大喜之日，既是大喜之日，何以發砲之後，個個一抹愁苦的臉色？那滔滔的遠海，陰茫茫一片，好像，好像什麼大事即將要發生。

就算有什麼事即將要發生，也輪不到我這微不足道的劉阿南吧？陌生的台灣島，與故鄉廣東梅縣何干？我劉阿南只不過是來混一口飯吃而已……官長前幾天匆匆來去，形色驚惶，清楚地看見他提著一只沉甸甸的布袋下山，同僚悄悄的告訴劉阿南：

「那袋裡鏗鏘作響的，是白花花的龍銀呢？」

劉阿南怔怔的張大嘴巴，好像一只圓形的燉鍋，拿掉鍋蓋般深深地「哦」了一聲，也沒再追問些什麼。

這樣的反應，其實和老母親在他遠行前的殷殷叮囑有很大的關係。劉阿南一想到在故鄉那片永遠種不出像樣歲收的貧無荒地，終日勞苦的母親，就忍不住掉淚：

「悲啊，我那年輕就守寡的老母親……」

母親緊握著劉阿南的雙手，塞給他幾個銅板兒，傷心不捨地悲泣不已。劉阿南低首，一時無措，眼角餘光不經意的瞥向門外天光白亮的大埕，曬著的梅干菜，微酸、陳腐的霉味瀰漫在空氣中，闇暗的廳堂，祖先的牌位前剛燃上的三柱清香，像母親身上散發的味道，沉沉而古老的檀香味……「阿娘。」他低喚一聲。

「兒啊，汝知，在家鄉賺不到好吃穿，做了朝廷的兵勇，遠去台灣，聽人說，那海島自古多瘴癘，汝要小心。」

才兩個月之前的事，劉阿南同縣裡數百壯丁，參與了廣東南澳鎮總兵劉永福的招募，抵達汕頭港，一艘船首書寫著「威靖」二字的鐵皮軍船，就這麼在春寒料峭、巨浪滔天的茫茫大海中航行了三天兩夜，到達了台南安平，從小不曾看過海的劉阿南，在航程中起先是暈眩、昏沉，而後是將他二十年來的胃液，悉數嘔吐殆盡。

「果然，如阿娘所言，台灣是不祥之地。」

劉阿南下了船板，頭眼昏花，腳未踩穩，差點跌跤。

昏昏沉沉，異鄉一夜，醒來卻是滿眼燦麗之美景，傳說中的兩百年前國姓爺最後的「東都」，滿城蓊鬱的鳳凰樹，聽說夏至會開紅豔豔的花。

「阿南兄，這台南府城果然豐盛。汝細細瞧，街坊姑娘生得真美……。」

同村自小相識的蔡阿貴嘖嘖稱奇，一雙色迷迷的眼直盯著快步逃離、驚怕的少婦，粗魯的遙指。

「在老家已娶妻房之人，切莫輕浪啊，阿貴兄。」

劉阿南笑說，一把拉著涎著臉不走的蔡阿貴，轉身往東城門行去。這是抵台翌日的休假，明天就將登上接駁之軍船，沿西部海岸前往基隆砲台。

「看府城如此，並不像家鄉父老所言，台灣是男無情，女無義，鳥不語，花不香的瘴癘之地嘛。」

劉阿南在月光皎亮的海岸兵營熄燈入眠之前，對鄰舖的蔡阿貴，有感而發地如是評論，哪知蔡阿貴早已沉沉入睡，鼾聲震天。

「人之初，性本善……天地玄黃，宇宙洪荒……」

劉阿南三歲喪父，伴隨寡母，實在是窮怕了。一直到十九歲，聽聞鄉人傳誦，原籍廣東梅縣的丘逢甲高中進士，現為台灣聞人，正逢劉永福在廣東募兵，這位在清法戰役大敗敵軍的黑旗軍統領，早已是劉阿南少年心中的英雄，與其老死在貧窮的家鄉，不如投軍掙個錢，好歹混口飯吃。就這樣，劉阿南一頭栽進了即將引燃戰火的台灣。

在晨風中的練兵場，他遠遠仰望身穿紅色大斗蓬，官帽上威武流麗的翎毛隨風搖曳的劉永福，身形不高，卻雙目精亮的統領風采，劉永福朗聲訓示，緊握的右拳高高舉起，句句鏗然：

「……日寇謀台急切，我大清軍士，上承朝廷令諭，下受台民所託，誓必以命衛我疆土！」何等的氣壯山河，好個英雄劉永福。

抵達了基隆，進駐獅球嶺砲台，這才聞知，早在三月二十三日，日本軍艦已砲擊澎湖，守軍不敵，三月二十六日僅三天交戰，日軍已登陸媽宮澳。總理大臣李鴻章於五月八日，在日本下關與日相伊藤博文竟簽下喪權辱國的馬關條約，決定割讓台灣、澎湖。

「朝廷都割棄台灣了，護衛何用？」

兵勇們惶惶不安，私下奔相走告。劉阿南佇立在碉堡海的矮牆邊，茫惑的遙看陰沉、深邃難測的大海，總覺得有大事即將發生，逐漸不安起來的情緒日益加深，一直延續到這一天，五月二十五日。

官長命令向著大海的方位擊發二十一砲，觀測兵勇疑惑的問說：

「海域無任何敵方軍艦，何以擊發？」

「巡撫大人如今是總統之尊，今乃民主國肇始之日，全台大喜，擊砲以慶之。」

官長攤展諭令一紙，照本宣科的唸了一次。

劉阿南遙望茫茫大海，忽然一陣心驚。

2

劉阿南突來的心驚，果真應驗了不祥。

五月二十七日，北白川宮能久親王，從中國北方的大連搭乘橫濱輪，抵達琉球那霸背面的中城灣與樺山資紀大將會合，立即下令聯合艦隊南下，二十九日已悄然接近台灣北方海域。朦朧的島隱約在拂曉的茫霧裡顯現。

這隻原本計畫從遼東打入大清首都北京的日本陸軍近衛師團，如今成為台灣最可怕的夢魘。

「敬稟親王閣下，前方乃是我大日本帝國即將獲得的南方疆土，此島豐饒、美麗，實為日本之福。」

樺山大將放下了眺望久久的雙筒望遠鏡，側身微躬，敬謹地面告剛從艦橋緩步走出的北白川宮。身著黑色鑲金軍服，蓄著短鬚的親王，循著樺山所指的方向，遙望遠方晨霧中的島影，深深地端詳：

「樺山，這該是您睽違已久之地吧？」

「是阿，二十五年前，我還身為大佐時，大本營派遣屬下，喬裝憎侶身分，縱走台灣一段時日，調查此島之風土、民情，得到以下結論。」

樺山微抬起頭，軍帽下的臉顏，堅毅的雙眼直視前方，深邃的眼角，浮現蹙眉深思後的魚尾紋，倚身向前，帶著白手套的雙手緊握著船舷邊的鐵柵欄，精神飽滿的堅定口吻：

「台灣人，怕死，好面子，貪財重利。」

同一時間的台北之晨，台灣民主國甫上任五天的唐景崧總統，已連續失眠了好幾夜晚，由於過度的焦慮，明顯地消瘦了許多，原本原潤方正的威嚴官顏，雙頰深塌，多了兩個黑眼圈。他從巡撫衙門的雕花木窗仰看，象徵台灣民主國標幟，藍底黃虎旗孤零零地飄飛在五月底，逐漸燥熱起來的晨空裡。

唐景崧一直懸念著心事。他的母親應該早日回對岸的廣東，試了一次，不料僅邁出巡撫衙門，就被亂民所侵擾，那一大群蝗蟲般，暴怒、兇惡的亂民，竟有穿著軍

服的兵勇夾雜，無禮地對他咆哮：

「巡撫大人要與台島共存亡，怎能棄逃？」

「他們，把我們當成什麼？」

唐景崧惱怒了起來，兀自吼叫著，空蕩蕩的長廊，連警衛都不知何處去了？這樣的總統又算得了什麼？難道我堂堂一個大清巡撫，就落得僅是丘逢甲他們那些人強制出來的傀儡嗎？就像那種從山後噶瑪蘭來的傀儡戲班，那些卑微的操作師，拉一下線，手動一下，再抽一下，腳就抬起來：

「我唐景崧不是任人擺佈的傀儡！如果日本人不來，如果是承平時代，我一定砍了他們的頭！」

用力踢翻了一床錦被，唐大總統憤恨難消地跳下床席，發現燒了一夜，仍未熄滅，邊桌上的大紅燭檯下，映照著黃澄澄的純金黃虎印，正是台灣民主國之璽，栩栩如生的一隻昂首作怒吼狀的斑紋之虎，是台北那些富豪、士紳聚集黃金熔之成印……唐景崧端詳了黃虎印久久，翻看底下篆刻著「台灣民主國總統之璽」還沾著朱紅印泥，他記得幾天來蓋了好幾次公告疏，首次用印，正是那件「台灣民主國獨立宣言」：

照得日本欺凌中國，索台灣一島，台民兩次電奏，勢難挽回。知倭奴不日即將攻入。

吾等如甘受，則吾土吾鄉歸夷狄所有。如不甘受，防備不足故，斷難長期持續。屢與列強折衝，無人肯援，台民惟有自主。

台民願人人戰死而失台，決不願拱手而讓台。台民公議自立為民主之國。決定國務由公民公選官史營運。為達此計劃且抵抗倭奴侵略，新政府機構中樞必須有人主持，確保鄉里和平。夙敬仰巡撫承宣布政使唐景崧，會議決定推舉為台灣民主國總統。

初二公同刊刻印信，全台灣紳民上呈。當日拂曉，士農工商集籌防局，開始嚴肅此壯舉。

乞勿遲誤！

以全台民之名告之

「趕鴨子上架？什麼時候，我唐景崧從一個大清巡撫成了這莫名其妙的『台灣民主國總統』？」

唐景崧緊抓著純金的黃虎印，晨光逐漸泛亮，映照著國璽閃閃生輝……他只是極力思索著如何逃離這麻煩的台灣？思索著價值六十萬美元的個人財產怎麼運送回中國？親信秘密連繫的德國貨輪已在淡水港泊岸，問題是，身為全島唯一所倚重的總統，如何悄然脫身？衙門內外、兵勇及亂民正虎視眈眈。

號稱亞洲第一個共和國的台灣民主國總統，焦慮非常的陷入了天人交戰的深思之中。

劉阿南終於看見遠海逐漸挪近的日本軍艦。

「阿南兄，怎麼辦才好？我們趕快逃吧？」

一臉死灰的蔡阿貴全身顫抖不已，緊拉著神色凝重的劉阿南，像嬰孩般地哭叫著。嚴厲的長官一個箭步向前，伸手一摑，一記響亮的巴掌結結實實的打在蔡阿貴的臉上。

「打死你這沒鳥的！別丟了廣東子弟的臉！」官長怒斥著，隨後轉身大吼：「全體備戰！絕對不可讓日寇登陸基隆！」

劉阿南胸腔中一股烈火熊熊燒熾而起，丟下嘴角流血、驚嚇瑟縮成一團的蔡阿貴，以迅速的操作程序，沉甸甸的砲彈入膛，開始等待觀測員瞄準，蓄勢擊發，空氣中充滿濃濃的火藥乾燥的氣味，所有砲台上的兵勇屏息以待，準備要與入侵的日軍決一死戰！太陽旗飄晃，軍容壯盛，殺氣騰騰的日本軍艦隊竟往海外偏斜向東北東方位急駛而去。

「日本人不打基隆，他們往何處去？」

劉阿南鬆了口氣，渾身疲軟，目送遠去的船影，深感疑惑。

3

　一八九五年五月二十九日午後二時。日本近衛師團第一旅登陸台灣東北角的澳底，攻防戰於焉展開。走陸路前往基隆的途中，在瑞芳遭遇到劉燕砲兵隊僅有五門的速射砲抵抗，造成日軍三人死亡，十七人受傷，台灣守備軍慘敗逃往基隆，遺棄了戰死的屍體百具。

　佔領了瑞芳，基隆距離更近。

　六月三日早晨，劉阿南被猛烈的砲聲驚動，趕忙衝出碉堡外一看，基隆城裡已焚燃起幾縷黑濃翻滾的火煙，日本軍艦開始向港邊的民宅密集砲擊。砲台內外亂成一團，全體兵勇進入戰鬥狀態，立即向港外的日本軍艦還以顏色，有人驚嚇的大喊：

　「日寇已從砲台下爬上來了！」

　這一叫喊，所有的兵勇幾乎亂了方寸，手忙腳亂地擊發了零星的幾門砲，連準頭都失去了，只見砲彈落在日本軍艦百尺之外，濺起幾處丈高的水花，忽然劇烈的爆響，什麼時候，對手竟早已瞄準劉阿南固守的獅球嶺砲台。第一次擊發，就重創了兩座向海的戰防砲，幾十個剛剛還互相打氣、激勵的同僚，瞬間血肉模糊，身首異處，「碰—碰—」未待劉阿南回過神來，又是一陣熾熱，幾乎令人窒息的火球襲身而至。

　臉頰、手肘火燒般的灼痛，他下意識的翻滾到數尺外的安山岩矮牆下，冰涼的岩片緊貼著灼傷的半邊臉，劉阿南蜷曲著身子，痛苦不堪的呻吟了起來。半抬起頭，這才發現，身旁已經死亡的同僚，屍身斷裂、破碎，還有些微呼吸的，半睜著沒有焦距的眼，苟延殘喘，腸肺熱騰騰帶著腥臭味慢慢的流淌了出來……劉阿南驚悸地愣住了……一身血污的官長彎身奔了過來，丟了枝德製步槍及一排子彈，厲聲的高喊：

　「日寇用繩梯上來了，準備肉搏戰！」

　劉阿南忍著一身灼痛，用力拍打意識些微恍惚的臉頰，子彈才剛入匣、上膛，碉堡下方已探出幾張陌生而充滿殺氣的扁平臉，土黃色的德式軍服，步槍後揹，手裡揮舞著亮晃晃的日本武士刀。

　「碰！」劉阿南近距離打死第一個日本兵，用力再拉匣、上膛，槍口才準備瞄準，

另一個日本兵已揮動閃亮如蛇的武士刀直劈了過來。

「碰！」劉阿南扣了板機，扁平臉立刻迸裂如摔碎的紅番茄，敵人見無法順利得逞，迅速縮回崖下。劉阿南沒想到短短不到一分鐘，就宰掉兩個入侵者，頓時心中充滿亢奮之鬥志，衝向矮牆，直朝著懸吊在繩梯中央的日本兵，拚命射擊……。

「阿貴呢？是不是戰死了？怎麼沒看見？」

一邊猛扣扳機，一邊擔憂起同鄉的安危，耳邊此來彼往的密集槍響、喊叫及哀嚎。

獅球嶺攻防戰，劉阿南的同僚戰死達兩百五十人，傷者無以數計……傷痕累累卻不屈服的劉阿南在彷如地獄般的屍堆中，不懼地、焦急地找尋同鄉蔡阿貴，卻遍尋不著，蔡阿貴就像泡沫般消失不見……。

「阿貴─阿貴─」

劉阿南嘶喊著，淒厲的探尋聲在陳屍遍野的獅球嶺迴盪著，空氣中瀰漫著血腥、屍臭，那種氛圍比死還要令人絕望……他疲倦地坐了下來，生命好像在這一刻為之停止。劉阿南覺得自己全然被抽離，只留下一具空盪盪的軀殼，原來殺人與被殺，生存與死亡，竟然是如此的接近，如此的難分難解。

「阿南，我們慘敗了……一起去台北，民主國的唐大總統應該會告訴我們，下一步該怎麼做。」

一身是血的官長拍拂著已然失神的劉阿南，他睜著一雙渙散、空洞的眼，沒有答話，同僚扶著他，沉重的往台北方向，緩步行去。

「好像，死過一次……」

劉阿南想到遠方母親，不禁悲從中來：

「阿娘，我還活著。」

抬首舉目，一隻在空中盤旋的鷹，張開巨大的羽翼，隨著上升的氣流翱翔，那麼的自由、自在。劉阿南心想，如果此時此刻能夠蛻變為鷹，返回對岸的家鄉，好好的伺候母親，再也不離開……。

這群在獅球嶺砲台戰役倖存的兵勇，折損、慘痛的身心俱疲，懷著堅強的求生意

志，面對著不可預知的將來，鮮紅如血的落日，照著殘兵敗將們落寞的長長身影，到了水返腳，已是滿天星光，像戰死者哀愁的淚……。

凝重、陷入深思的樺山大將，輕啜一口茶，從橫濱輪艦橋的窗子看出去，夜暗無燈的基隆港，有幾處依然焚燒的火光暈亮，同樣緊抿雙唇，神情嚴肅的北白川宮能久親王先說話了：

「沒想到，台灣的守備軍反抗如此勇猛……。」

樺山慢慢站起來，緩步挪身到一張巨大的兵圖之前，指著北台灣西北方那條蜿蜒的河道出口：

「親王閣下，僅請定奪，是否暫離基隆，改從淡水登陸，直取台北？聽說……台北城如今大亂，情報顯示，台北大稻埕幾個茶商，擬派遣一位辜姓小販，要引領近衛師團入城平定。」

「樺山啊，你這首任的台灣總督，責任可不輕哦。」

北白川宮能久頷首說道。

「北台灣登陸就遭到強烈的抵抗，往南征討，困厄會更多，別忘了，清國名將劉永福在台南好整以暇地守候。」

「你是說，那個在安南大敗法軍的黑旗軍統領？」

「沒錯。正是那位讓法軍大將孤拔含恨，病死在澎湖的劉永福。」

「既然條約已定，割讓台灣已成事實，台灣官民抵抗也沒用，我們師出有名，平定叛亂。」

「親王閣下，北京特使李經方三天後搭乘德輪來此會合，完成大日本帝國接收台灣的最終手續。」

「不是說好在台北衙門嗎？」

「李特使為清國總理大臣之子，怕在台北有所不測，特別要求在橫濱輪上。」

「真是貪生怕死，無用的東西！」

4

劉阿南第一次看見了淡水河，不禁輕呼了起來。

並非河景的壯闊，波瀾的亮麗，而是河岸紛亂、壅塞的人群，有官有民，拚命搶著跳到各式的船舶，大量沉重的行囊、家當……漫聲的咒罵、爭執甚至相互鬥毆，揚著帆的戎克船即將離岸，船舷已擠滿了惶惶不安的男女老少，船主高喊著：

「還有六個空席，每人二十枚龍銀，到廈門！」

劉阿南向前行去，眾人見到此一兵勇，面露懼色的紛紛散開，矮壯、黝黑的船主見劉阿南近身，警覺的拿起一跟粗扁的木槳，防衛的問：

「兵爺，去不去廈門？龍銀二十枚！」

劉阿南未答話，只覺得訕然，身上僅有離鄉時，母親給的幾個銅板兒，如何內渡？

「開船！開船吧！切莫遲延！」

船主見到劉阿南無意搭乘，立刻往艙內大聲的下令，只見纜繩一收，這兩張大帆的木殼船一下子就滑近河心，朝著河口的方向航行而去。

「請問，我如何前往台南府城？有官船搭否？」

拉住一旁腳夫狀的青年人，劉阿南急切的問道。

「聽莫啦，汝講什麼？」

那人神色驚怕的連忙搖動雙手，劉阿南這才察覺到，一口廣東客語，此地少人能聽曉。

他頹然返身，往岸邊那排兩層式的磚樓行去。

後頭吵嚷起來的議論，劉阿南仍然聽不懂：

「汝瞧瞧，就是這些廣東兵仔……城內很不安寧，聽說獅球嶺砲台淪陷，戰敗的兵仔退來台北，不但搶民家的錢財，還……還姦淫婦女。」

「唐大總統呢？他都不管事啊？」

「他呀，逃像飛一般，自顧都不暇，哪有閒功夫管台民的死活！說不定，早就溜回內地了……有人傳言，昨晚就斷了衙門的電報線了，就不知道這貪官到底帶走多

少官銀？」

「那，副總統丘逢甲呢？」

「聽說他緊急南下，要劉總兵援救台北。」

「遠水近火，如何就急？日本狗仔已經打到水返腳了，昊天嶺守軍據說死的死，逃的逃……。」

「咱大稻埕的茶商、仕紳不是找了個人去和日本人講和嗎？好像就是那個姓辜的鹿港人？」

「哦，你是說那個賣鹽的辜仔？他會講日本語嗎？」

這些七嘴八舌的議論，對不諳閩南話的劉阿南毫無意義，他三兩下就踩進了一條狹窄的小街，兩旁幾乎蔽天的兩層磚樓，長長的走廊，三、五成群，穿著大陶衫的婦人，低首揀著米籮筐裡的茶葉，頭也不抬地辛勤工作，那般認命，卻又那般自在。好像幾丈之外的淡水河邊，那些急著逃難的人和她們一點關係也沒有，絲毫不受影響。

劉阿南緩緩地沿著這條茶香撲鼻的小街往北城門的方向行去，看著那些揀茶葉的婦女，忽然憶起家鄉的母親，也是揀茶葉的能手。還會取來柑橘，在果蒂上挖小洞，刮出少許果肉，塞入一把茶葉，而後以紅繩線緊綁，放著讓它日曬、風乾，小時候，只要咳嗽、喉疼，母親就將老柑橘，細切成丁狀，要他含在口中，甘香略帶微苦。

陷溺在美好的童時追憶，耳畔忽聞爆裂槍響，擔任兵勇的本能反射，劉阿南尋聲，一個箭步來到一戶南北什貨商舖之前，只見三個兵勇蠻橫粗暴的拉扯著狀似商家夥計的中年男人，惡狠狠地喝道：

「當家的何在？交出銀兩來，不然要你的命！」

在前頭，手執大刀，年齡較長的兵勇，用力踢翻了商家走廊下的乾貨，衝入店裡，引起一陣驚叫，並且傳出重物掉落、摔碎的巨響。

「這，還有王法嗎？」

劉阿南蹙眉一想，立刻欺身而上，從小習過詠春拳路的他，三兩下就摺倒站在店家門口把風的兩個兵勇，動作敏捷的搶下步槍，大聲喝令三個掠奪者勿動！正在店

中大肆劫掠的兵勇，聞聲轉身奔出，卻為劉阿南已上膛的步槍所制，他臉色驚嚇，見劉阿南身著同是兵勇的制服，隨即定下神來，涎著臉套交情：

「這位鄉親，我認得汝，小弟一樣來自梅縣，一起同船渡海來此，看在同鄉的情誼，行個方便，同是當兵吃軍糧，汝就罷手，別為難咱家。」

「身為朝廷兵勇，劫掠良民，這可了得？」

劉阿南忿忿不平的質問眼前三人。

「哈！哈！哈！」三人竟然放聲狂笑，而後言之：

「我說鄉親，汝未免過於純良，汝看著，朝廷放棄台灣，日本狗已兵臨城下，誰還顧得了誰？」

「住口！當兵就是要保疆衛民，汝等惡行，與盜匪何異？」劉阿南怒斥。

「算了啦，鄉親，汝去城內細瞧，亂民逃兵，誰不燒殺擄掠？難不成，等日本狗進城，砍你我的腦袋？」三人一副不以為然的神情。

「鄉親啊，千里迢迢渡海到台灣，所為何來？圖得就是發財嘛。」年長的兵勇陪著笑臉，故作輕鬆的說。

「滾！汝等丟了廣東子弟的顏面，給我滾得遠遠的，別再讓我瞧見！」

劉阿南舉槍怒喝，三人嚇得落荒而逃。

商家謝過見義勇為的劉阿南，並以酒飯相待，劉阿南這才想起，已經有好幾日未曾好好進食了。更令劉阿南感動的是，店老闆略諳客語，少了語言的隔閡，兩個人就聊了起來。

「台北城已大亂，兵勇搶奪四處可見，聞說上午，衙門金庫亦被大批亂軍所侵入，死傷不詳。」店老闆年約四十出頭，面帶愁容，憂心的說。

「那，唐大總統都不出面制止嗎？」劉阿南放下筷子，沉鬱的問道。

「哪還有什麼唐大總統？恐怕早就逃回內地了。」

「那，你們呢？要如何因應？」

「朝廷不要我們，日本人要來接收，就聽天由命吧。」

向晚時分，憂傷的劉阿南獨自佇立在晚霞映照的北門城前，失魂落魄，不知何去何從？只見那書著「巖疆鎖鑰」石刻雄渾大字，孤孤單單地與之面對，城內不時傳來此起彼落的零星槍響。

　　落寞的遙望遠方，一面台灣民主國的黃虎旗，在晚風中，有氣無力地飄盪、飄盪……劉阿南忍不住淌下淚來。

5

　　三十年前的作家，深秋午後一場濕濡的冷雨。

　　僅是為了躲雨吧？十八歲初涉文學的青澀少年，穿過公園西側的池畔，疾步走入那棟日本人留下來希臘神殿式的石造博物館，幽深、陰暗少有人跡，裝著剛買的兩本詩集的書包微濕，他略顯憂鬱的眼神，忽然凝住在一方玻璃展示櫃上……作家看見：

　　一面深藍底，以金黃絲線繡成的黃虎旗。

　　背景的牆面文字簡述，關於「台灣民主國」的誕生與幻滅——「一八九五年六月四日深夜，唐景崧變裝，由隨扈護衛，在淡水登上德國商船，逃回廈門……」這段教科書不曾詳載的歷史，對一個青澀的少年又有什麼意義？

　　劉阿南卻在三十年後，悄然來到作家的眠夢中。

　　已是塵埃滿身，中年滄桑的作家翻了個身，幽暗、未點燈的房間，彷彿依稀，有種古老木質朽腐的霉味，作家半睡半醒地察覺有一股朦朧、流動，卻毫無重量的寒氣，悄然近身。

　　陌生的古代男子，異常慘白無血色的臉顏，與作家對看久久，幽暗的房間，隱約有潮汐的輕微拍擊，汩汩水聲……。

　　劉阿南慘淡一笑，朦朧如霧般的形影逐漸退去……作家卻也不驚，又沉沉地墜入深眠之中。

　　連續一整個星期，同樣的子夜夢中，劉阿南的亡魂來與作家相見，依然不發一語，悽愁、慘白的臉顏仍舊是那抹慘淡的笑，似乎又包含許多……劉阿南微聲低歎，彷

如千古。

「你，有話要告訴我嗎？」作家忍不住問了。

忽然，作家猛然驚醒，竟是一身涔涔的冷汗。是夢是實？是真是幻？三十年來歷盡人生諸多的謊言、出賣、背叛與敗德之體驗，鬼魅縱使侵奪入夢，又有何懼？最可怕反而是活生生的人！作家用力將房裡的落地窗推開，風，猛襲進來。

臨睡之前有淺酌習慣的作家，倒了兩小杯烈酒，自飲一杯，另一杯倒了七分滿，就留給夢中相見的古代男子吧。

說也奇怪，劉阿南卻再也不來入夢，反而是作家入睡後的魂魄，幽幽然飄入了百年之前的時空……作家沿著一條兩旁是木造、紅瓦的平房向前走去，路的盡頭可不就是自小熟悉的北門城樓嗎？只見太陽旗插遍，街道兩旁皆是凝肅之顏，身著古代長袍、馬褂，頸後拖著長長髮辮的人群。作家心中一驚，但見軍隊從街的遠方，威風凜凜的，以整齊劃一的步伐向城樓挪近，沉渾、摩擦著青石板街面的，是轆轆拖行的小砲，率軍隊前的，是騎著壯碩、高大白馬的日本將軍……。

這是作家童年原鄉的大稻埕。

作家心驚的避走，無人察覺亦毫無任何回應，在時空的錯亂裡，彷彿他僅是一八九五年，晨時清冷的空氣中，一粒不屬於現實裡的縹緲塵沙而已。作家看有人在焚燒一面旗子，等待日軍進台北城的清末遺民竟有人大聲叫好！鼓掌且向日軍獻以諂媚之色，騎在白馬上的日本將軍，微側下望，一臉睥睨。

那人高舉被焚燒的台灣民主國黃虎旗，穿著清軍兵勇的投降者，以廣東話大聲高呼：「歡迎！歡迎！」作家幾乎錯亂，這是怎麼回事？

劉阿南與作家再相見時，竟是在淡水河岸。

這一次，終於看得一清二楚，前一個星期，夜夜進入作家眠夢裡的年輕男子，被日本兵五花大綁，強制跪在岸邊，灰晦、死般色澤的岩地上。只見日本兵透過翻譯者，蠻橫的指著緊咬著牙，怒睜雙眼，不屈不撓的劉阿南問道：

「是這清國奴襲我大日本皇軍否？」

一旁卑屈、驚嚇的漢人男子顫抖的指說：

「是他！是他！沒錯，我認得他，他叫劉阿南！」

「呸！你這叛逆小人，貪生怕死的……」劉阿南向那指認之人，怒聲罵道：

「蔡阿貴！硬頸族訓，你還記得否？」

說完，被困的身軀暴烈如一朵狂燒之火。作家終於恍然大悟，這指認之人，不就是前夜夢裡，焚燒黃虎旗，高聲吶喊「歡迎！歡迎！」的廣東男子？

「蔡阿貴！蔡─阿─貴！」

跪地的劉阿南猛地霍然站起，撲向早已嚇破膽的同鄉，「碰！」的一聲，身旁的日本兵以槍托重擊，忿怒、嘶吼、悲憤的劉阿南滿臉是滴淌淋漓的鮮血，三、五個日本兵欺身而上，一頓拳打腳踢，劉阿南緊咬著牙，不吭一聲。

作家悲哀的醒來，眼眶滿是清冷的淚水。

這次的夢境，再清楚不過了，好像剛剛才真實的發生，作家乏力的起身，凝重的打開床邊桌上的看書燈，愕然的發現，那杯倒了七分滿的酒，已然消失，只剩下空空的酒杯，難道是自己無意中喝掉的？卻又看見另一個自己喝完，順手擱置在床頭的酒杯，難道……

「劉阿南，我終於知道你叫劉阿南了……酒，是你喝掉的嗎？」作家拉開椅子，端坐在書桌旁。

是啊，夢境再清晰不過了。作家慢慢地，慢慢地闔上疲倦、淚漬的雙眼。

那般清晰的形影，佔據了作家全然的思緒：

劉阿南在向晚的河岸，遙望彩霞滿天的淡水河面，波光粼粼，日本兵將他的長辮拉成平行，要將他那堅毅不屈的硬頸壓下，另一個日本兵雙手緊握著亮晃晃的武士刀，以一個半圓形的弧度高舉至頭頂，用力，一刀揮下……

「阿娘──」劉阿南淒厲的高喊。

刀起頭落，這客家硬頸子弟身首異處，滾滾的頭顱，怒睜著死也不肯闔上的絕望雙眼，映輝著河上最後一抹，如血般燦爛的晚霞。

「劉阿南，你終於回到阿娘身畔了吧？」

作家兀自說話，拿起酒來，分別倒滿了杯子。

「劉阿南，我們再來喝一杯吧。」

仔細回想：從劉阿南入夢至今，前後算來是十二天。作家拿起酒杯，敬另一個酒杯，作家相信，百年之前的劉阿南一定還坐在身旁⋯⋯

一八九五年五月二十五日，台灣民主國誕生，同年，六月五日台灣民主國幻滅，剛好，整整十二天。

摘自《革命家的夜間生活》（聯合文學出版社）

當代名家‧林文義作品集1

逆風之島：歷史台灣浮世繪

2015年1月初版　　　　　　　　　　　　　　　　定價：新臺幣240元
有著作權‧翻印必究
Printed in Taiwan.

著　　者	林	文	義	
發 行 人	林	載	爵	

出　版　者	聯經出版事業股份有限公司	叢書主編	李	佳	姍
地　　　址	台北市基隆路一段180號4樓	校　　對	陳	怡	慈
編輯部地址	台北市基隆路一段180號4樓	整體設計	朱	智	穎
叢書主編電話	(02)87876242轉229				
台北聯經書房	台北市新生南路三段94號				
電　　　話	(02)23620308				
台中分公司	台中市北區崇德路一段198號				
暨門市電話：	(04)22312023				
台中電子信箱	e-mail：linking2@ms42.hinet.net				
郵政劃撥帳戶第0100559-3號					
郵撥電話	(02)23620308				
印　刷　者	世和印製企業有限公司				
總　經　銷	聯合發行股份有限公司				
發　行　所	新北市新店區寶橋路235巷6弄6號2樓				
電　　　話	(02)29178022				

行政院新聞局出版事業登記證局版臺業字第0130號

本書如有缺頁，破損，倒裝請寄回台北聯經書房更換。　ISBN　978-957-08-4515-0 (平裝)
聯經網址：www.linkingbooks.com.tw
電子信箱：linking@udngroup.com

國家圖書館出版品預行編目資料

逆風之島：歷史台灣浮世繪/林文義著 . 初版 .
臺北市 . 聯經 . 2015年1月（民104年）. 168面 .
17×23公分（當代名家‧林文義作品集1）
ISBN 978-957-08-4515-0（平裝）

1.台灣史　2.浮世繪

733.21　　　　　　　　　　　　　　103027386